心一堂術數古籍珍本叢刊

書名：批注地理合璧附玄空真訣（三）
系列：心一堂術數古籍珍本叢刊　堪輿類　第三輯　336
作者：【清】于楷、章仲山、溫明遠原輯撰；【民國】朱紫君輯校；【民國】霜湘批注
主編、責任編輯：陳劍聰
心一堂術數古籍珍本叢刊編校小組：陳劍聰　素聞　鄒偉才　虛白盧主　丁鑫華

出版：心一堂有限公司
通訊地址：香港九龍旺角彌敦道六一〇號荷李活商業中心十八樓〇五—〇六室
深港讀者服務中心·中國深圳市羅湖區立新路六號羅湖商業大厦負一層〇〇八室
電話號碼：(852)9027-7110
網址：publish.sunyata.cc
電郵：sunyatabook@gmail.com
網店：http://book.sunyata.cc
淘寶店地址：https://sunyata.taobao.com
微店地址：https://weidian.com/s/1212826297
臉書：https://www.facebook.com/sunyatabook
讀者論壇：http://bbs.sunyata.cc/

版次：二零二一年三月初版
平裝：四冊不分售

定價：港幣　九百八十元正
　　　新台幣　三仟九百八十元正

國際書號：ISBN 978-988-8583-63-8

香港發行：香港聯合書刊物流有限公司
地址：香港新界荃灣德士古道二二〇—二四八號荃灣工業中心十六樓
電話號碼：(852)2150-2100
傳真號碼：(852)2407-3062
電郵：info@suplogistics.com.hk
網址：http://www.suplogistics.com.hk

台灣發行：秀威資訊科技股份有限公司
地址：台灣台北市內湖區瑞光路七十六巷六十五號一樓
電話號碼：+886-2-2796-3638
傳真號碼：+886-2-2796-1377
網絡書店：www.bodbooks.com.tw
台灣秀威書店讀者服務中心：
地址：台灣台北市中山區松江路二〇九號一樓
電話號碼：+886-2-2518-0207
傳真號碼：+886-2-2518-0778
網絡書店：http://www.govbooks.com.tw

中國大陸發行　零售：深圳心一堂文化傳播有限公司
深圳地址：深圳市羅湖區立新路六號羅湖商業大厦負一層〇〇八室
電話號碼：(86)0755-82224934

心一堂微店二維碼

心一堂淘寶店二維碼

五

地理錄要 卷五至卷八止

天元五歌

天元餘義

附雜摘先後天體用說

九宮元運

五黃剋方

地理辨正錄要合璧

直解悉遵原刊 湘露

續

己巳春朱壽朋題

地理合壁題詞

聖賢大道此為首端救濟良策修齊偉觀

兩間造化二氣旋盤潛心研究祕法聿完

此道通曉物阜民安邦家之光美哉斯刊

戊辰冬至紫雰撰句　朱壽朋書

地理辨正列左
青囊經
葬經
天玉經
寶照經

地理合璧錄要卷之五

錄要于序

地學雖藝術而原本於易易之廣大精微貫三才徹始終雖聖人尚有假年之歎況中人以下者乎然鄭夾漈嘗云索象於圖索理於書人易爲學故詩載陟献降原記稱卜宅葬日未嘗不散見於諸經自黃石公郭宏農輩衍其旨而創有專書唐之楊曾諸家又精其術而分疏奧義其學識固非後人所能津逮第靑囊葬經文辭質畧僅傳梗概即天玉寶照亦義隱

地理錄要列左
古本歸厚錄
天元五歌
蕉窻問答
乾坤法竅

言中意存言外後之言地學者未窮斯旨則歧途百出迭爲矛盾皆冥於本原不得其門者余昔因親壟未卜從事有年徧閱坊刻諸本淺陋無稽未有一及河洛之旨迨得古本歸厚錄天元歌於巒頭理氣悉闡正宗尙嫌引而不發微露金針惟驥江鄭氏蕉窻問答一卷指實直陳不爲隱約之辭瀋陽范氏所刻乾坤法竅三册雖蕪詞未達而盤法諸說確有師承惜予年老限於資學未能深通其奧又恐諸書傳刻者少未免久而散佚爰爲刪其繁蕪編次成帙付諸

剞劂以公同好，俟後之哲人觸類引伸，可以窮神知
化未必非先河後海之義云。
嘉慶壬戌日躔鶉首之次蘭林于楷端士氏序

凡例

（甲）一歸厚錄、天元歌、刻本雖少、而各本不同、有所得不全、而非完璧者、有私爲棄取、而失本旨者、有附會妄改、而遷就異說者、今擇善本、悉爲改正增入、

（乙）一歸厚錄、原注向有夾雜套話、反失正意、稍爲刪潤以歸簡潔、

（丙）一歸厚錄、既已四言用韻、則不宜失粘、貽譏大雅、今照韻移易數字、若有關緊要處、則寧使失粘、

仍存原字、

丁
一蕉窗問答、小註內有重複處、有繁瑣處、有正文已明、不必註處、稍删一二、若有要旨必藉注而始明者、並不裁減、

戊
一天玉寶照二書、乃地學中之眞脉的旨、惜元微之理、而以術家語出之故、下字不的、往往爲術士附會誤解、大鴻蔣氏辨正一書、闢僞存眞、大具婆心、猶嫌半含半吐、不露金針、今所刻諸書、悉天玉寶照中之註脚、細心體認、自能一一印

合、不必再爲註刻、

（己）一諸書於堪輿理法、獨得正宗、如砂中之金、淘汰已精、此外有故作隱語、不着色相、失之元虛者、有胸無成竹、好醜雜陳、不歸畫一者、概不入選、

（庚）一選擇爲扶助山向、節宣時令之要務、星命之學、精七政者少、今摘錄其有關地理者數十條、以備選擇之大略、若神而明之、則存乎其人、

（辛）一諸書義理、可稱詳備、然地脉不同、水情互異、則倘有臨地之功、或覆驗舊扦、識源流之眞假、或

比同形局悟得失於毫厘証印多則目力愈眞閱歷久而心思乃細否則言之娓娓四顧茫然是書亦紙上之空談耳

（壬）一理境地情兩俱得矣尚有用針之法夫大道惟一針豈有三天氣地氣交互合併金針浮平一線是即感天地交之氣也明乎一定之正針方可施吾作法定八卦以捉脉乘運分三山以收水立向遵七政以造命扶山夫然而地學之能事思過半矣

（戊）條云天玉寶照二書乃地學中之真脈的旨。等語。此處（癸）條例云。揆星之說。久傳爲元空秘旨。然揆排方位其說不經。云云。至附以管見毅然闢之。等語可知朱紫君先生未明大玄空揆星之秘。蓋云天玉寶照二經。乃地學中之真脈的旨。其實仍未得二經之真旨。何則。天玉寶照乃經明大玄空揆星之秘。因天律有禁。故各家註解尚未全露其真旨。令人未能究全明瞭。故有此誤會。亦朱君之不幸也。觀此欲學地理。非得口授。萬難成功也。鈕湘

（箋）一揆星之說。久傳爲元空之秘旨。然揆排方位其說不經。且與分卦乘運多所矛盾。故於第三卷揆星訣後。歷考經史。附以管見。毅然闢之。未知高明以爲然否。

此條癸欄。列在楣端。請閱之便知。揆星之法。可不删去。想知玄空真奧者。必不出此言。惟玄空真奧秘訣。知者甚屬寥寥。故有此發言。

例外卮言二則

一造葬爲生人日用之常經。而其義則天道人道咸備。作善降祥。作不善降殃。天之道也。必忠孝節義。修人道者。得遇吉地。故求地者。當以修德爲本。不當以邀福爲心。此蔣公所謂先天之太

極、爲堪輿中第一要旨、是書反覆推明地理之正宗。造其極。即知性知天之學。能明斯詣者。當抱璧自珍。存利濟之心。則可。作謀生之業。則不可。此是地學中立身行己之要旨。

地理合璧錄要卷一目次

天元五歌

第一總論 一至三　第二山法 四至十
第三平洋 十一至十八　第四陽宅 十九至二十三
第五選擇附註釋 二十四至二十四

天元餘義

龍法辨 一至三　眞穴辨 四至八
陽宅辨 九至十　覆舊坟辨 十一至十二
八卦先後天體用說 十三至十五　太極篇 十六至

平洋千金訣 十七至十八
黃白二氣說附圖 十九至二十二
附雜摘先後天體用說 二十三至二十四
九宮元運 二十四至
五黃到方 二十五

山龍
平洋

天元歌于序

捉脉點穴無非乘氣其理實從盈虛消長動靜互根中參出山平本屬一體特淺近者拘泥形迹忘其本源耳大鴻蔣氏述前人之遺意而作天元五歌其於尋龍捉脉乘運挨星山平陽宅諸法畢備允爲地學之正宗導河探源極其精微何難與楊曾合轍彼三合諸家拘拘於方位形象論五行生旺直是坐井觀天作門外漢耳

嘉慶壬戌日躔鶉首之次端士于楷序

天元歌原序

昔我師授我以玉函之秘。曰天氣生魂。地氣生魄。陰陽魂魄。造化之精英。性命之根底。於是乎寓焉。若祖宗父母葬不得所。則二象薄蝕。五行爲災。身且不保。而何有於延年獲福。今授子以玉函之秘。山原水國二宅奧樞。能窮其旨。是即人世金丹。但天道深微。傳非其人。毫釐千里。適足自誤誤人。爾於是薰沐敬受。而微言妙義。不克驟通。小憤則昏旦失經。大疑則寒暑易序。比其曉悟。星歲十週。又復遍考遺踪。驗其得失蓋鞅掌者二十年胼胝者數千里乃得內無惑思外無疑製故願廣志殷嘗持奧義以贈後人而見淺見深多方歧誤或始信而終疑或得半而自足或以僞亂眞欲求通曉良爲不易惟檇李沈生于及同郡王生輩資性肫篤服膺不衰丁酉之歲偕我周生翔翔入越越之彥士觴予於宛委之山惟時同遊者多人呂子相烈求卜一邱奉藏母窆并於宛委南麓爲定馬鬣之封而呂子之再從叔師濂及弟洪烈先與予詩酒倡和得意忘形縞帶紵衣願言古處呂

氏諸子之定交於予匪朝伊夕矣夫于越諸山祖于金庭天姥委于四明若耶霄客之所都居羽人之所遊衍願隨同好之士披衣嵐岫坐嘯巖阿以故西戌之後歲必適越三浙以東虞江以西足跡幾遍呂子同遊日久山川之變態心目洞然又欲周知昔人裁制之法而進問於予予遵奉師訓敬授以玉函秘義而總其要爲天元歌五篇呂氏世族代產聞人挺茲後昆詎慚先哲是能曲暢斯歌不晦雲陽之旨使有覺之類咸識慎終則太嶪之餘巧未必非利濟之全

能也以是窮探道奧夫豈遠乎

歲在己亥日月會於元枵之次中陽大鴻氏題於會稽之樵風涇

地理合璧錄要卷之五

天元五歌

杜陵蔣平階大鴻著　秀水于楷端士校
上海朱之翰紫君印

天元歌第一 總論

一元浩氣函三象、混沌分開漸升降、天清地濁成兩儀、陰陽互根氣來往、山川土石象中氣、日月星辰氣中象、二氣相抱不相離、濁陰本是清陽相、惟有人爲萬物靈、品配乾坤號參兩、一人自具一天地、卓立三

才不相讓、

首章言陰陽一氣天地一物而人與天地合體、

生時衣食居廈屋、萬室榮枯遍九牧、死時埋骨歸黃土、反本還原義相逐、還從地氣吸天光、變化蒸噓蔭百族、精魄苦樂人不知、第驗子孫受禍福、

此章言陰陽二宅、皆天氣陽精、反本化生之妙用、

墓宅吉凶較量看、新攻舊墓也相參、墓宅兩興宜鼎盛、墓宅兩廢斷人烟、宅凶墓吉兒孫慶、墓凶宅吉眼前歡、祖父新阡沾殺氣、高曾福蔭他房去、寒林忽發

一枝榮、若非新宅必新塋、吉少凶多福來短、吉多凶少禍來輕、

此章言墓宅新舊當參看、

更看尸骸寒與煖、歲久骨枯取效緩、惡山惡水昔曾埋、消盡陰𩆜氣方轉、初喪新骨天靈全、葬乘生氣朝花鮮、更遇嫩山并嫩水、一紀之內錦衣還、兼將宅氣來相輔、卑田院裡出高官、

此章言墓氣遲速之驗、

勸君大地勿悞求、大形大局少根由、縱有千山並萬

水、奈與穴氣不相投、一枝一泡山龍眞。一鈎一曲水龍神。肉眼只嫌結局小。箇中生意滿乾坤。恨煞時師不識眞、常將假局賺他人、謀佔靈壇並舊墓、壞人心術惹天瞋、豈知吉地方方有、只在眉頭眼下尋、

此章戒人勿貪大局、而爲花假所悞、

此書不是術家書、河洛精微太極圖、識得元機根造化、花前月下盡春和、羲文周孔心相印、禹範箕疇義不磨、管郭遺文多僞托、曾楊口訣世間無、若不傳心并傳眼、靑囊萬卷總糢糊、天涯倘遇知音客、留取狂

言醉後歌

此章自序地學得傳之正

此篇原本尚有空套數節因其無關緊要稍爲删去以歸簡淨

蘭林

天元歌第二論山龍

昔日華山陳處士演圖太極傳當世推原天地未分時只有坎離水火氣二氣盤桓不相離清者爲天濁者地坎離一交成乾坤制造大圜如冶鑄黄輿乃是冶中灰水火煎烹積滓翳山情剛燥火所凝骨骼支撑爲砥柱

首章推原渾天化生之始大地山河成象之初

欲識龍神先識起。龍若起時勢無比高山萬仞削芙蓉千里層巒皆俯視此龍多分火木形放下羣枝行

八際、一枝一葉有龍神、正龍端向中央去、山形一起
一龍分、數起數分龍益尊、龍神分去無非穴、正幹偏
枝力不均、

此章言眞龍起祖分宗枝幹之理、

看龍看起復看斷。凡屬正龍斷復斷。斷時百里失眞
踪、穿江渡海情無限、山根委曲地中行、不是神仙誰
着眼、

此章言眞龍斷伏之妙、

識得斷龍方識結。結穴玄微最難說。世人求穴近大

山且要案山龍虎夾、豈知大山龍未歇、縱有窩藏反走泄、眞龍偏結曠野中、踴躍奔騰失舊踪、饒他落在深山裡、也要平坡萬象空、好龍勇猛向前奔、從龍不及過關津、譬若神駒日千里、難將凡馬望其塵、亦似三春抽嫩笋、從龍如籜抱其身、一朝雷雨干霄長、節高籜落不相親、時師只怪無龍虎、眞龍眞虎穴中鎖、會得天然龍虎時、浪打風吹皆樂土、

此章言眞龍結穴變化之奇而辨時師單重外砂之謬、

龍神雙雙顧祖宗、如子戀母遠相從、若非祖山爲正案、另求特案配雌雄、百里眞龍百里案、賓主威嚴眞匹判、莫言作案便非龍、但是高峰都不賤、

此章言眞龍相朝相顧自然之理、

辨穴先須辨落脈。落脈乃是穴消息。頂上生峯脈頭角、兩邊開帳脈羽翼、粗枝出細好花房、老蚌生珠光滴滴、也有好龍無脈看、高岡平阜只粗頑、彼處祖宗多脫卸數節之前骨相完、大率眞脈有二種、連脈飛脈精神逈、連脈眞蹤在本山。飛脈他山復一湧。本山

定是結垂頭。他山半作抛珠弄。也有飛脈遠數里、起伏愈多龍愈美、時師只道餘氣長、或作羅星水口當、豈識眞龍饒變化、草蛇灰線最難詳、教君到此須求盡、眞龍大盡貴非常、近山飛脉不嫌土。遠山飛脈石中數。若無眞石盡浮泥、恐是人工難証取、

此章詳辨眞龍出脈變態、

與君細論石中機、石是山精骨髓滋、時師只怕石無穴、誰道眞龍石始奇、眞鉗眞窩石內藏、眞龍眞虎石兩旁、識得枕棺龍口石。千山玉乳灌心香。結穴之石

此中推。行龍之石只胚胎、不審其中元竅理、滿山頑石豈堪裁、試言結穴有二品、石穴土穴貴相準、石穴端的是窩鉗。慎莫鑿傷龍骨髓。土穴太極暈中包。內象分明外象隱。窩鉗土色不須論。太極重輪仔細尋。眞土原來石變化、不同凡土沒精神、世人鑿穴但求土、若逢凡土枉勞形、

此章言石土二穴眞機、

問君下穴有何法、正龍正下是眞訣。時師只說冲腦門、每向龍旁尋倚穴、精華走泄發不全、左右偏枯房

分絕也有眞龍偏側走、龍自側來穴自正、此是龍神一轉頭、結頂垂脣巧相稱、

此章言下穴之法、

語君結頂是眞訣、披肝露胆爲君說、龍不起頂非眞龍。穴不起頂非眞穴。結頂名爲眞穴星。穴星圓暈產眞金、世間萬寶金爲貴、此是眞陽露妙形、眞龍大地皆同體、遇着眞金莫放行、亦有穴星兼四曜、不離金體是眞精、

此章言眞穴起頂要訣、

識得龍眞與穴眞、天機造化任我奪、不得眞龍與眞穴、我師更有方便訣、傍枝傍脉有來情、只要穴後生一突、緊粘突下作穴星、此又名爲接氣法、人丁財祿兩豐盈、亦堪衆子登黃甲、君看當今富貴坟、半是接氣非眞結、

此章言接氣穴法、

亦有眞龍前路行、腰間脊上有三停、湊着龍身下一穴、此作騎龍斬氣名、

此章言騎龍斬關穴法、

眞龍餘氣本非穴、撞背來時氣未絕、亦有龍旁一脈垂、此號流神皆可發、世人見發說穴眞、豈意龍領剩明月、

此章言不得眞穴而得餘氣流神二種、亦能發福、

囑君點穴緊中粘。莫嫌湊煞出毬簷。得龍脫脈眞元散。受水乘風禍轉旋、

此章中言葬法不宜脫氣、○以下直指山穴諸忌格、

我有眞人枕中記說盡葬山諸大忌一一分明告世

人廣度羣迷長智意第一切忌下空窩空窩積水寒氣多葬下淤泥骨腐爛子孫滅絕可奈何穴無貼肉若坐空定有淋漓向穴冲水流割脚巳難忍水若淋頭立見凶

此章言穴忌空窩

第二切忌下低坦穴若低坦眞情散坐後全無貼體星平坡漭蕩生憂患

此章言穴忌低坦

第三莫下天風刼高山頂上空無穴八面風搖骨作

塵此是風輪不可說

此章言穴忌天風

第四莫下龍脇背龍向他方氣不聚縱然穴後不空虛墻頭壁下無根蒂

此章言穴忌脇背。以下辨俗術之誤

恨殺堪輿萬卷經當年曾有滅蠻名陰陽兩淨名爲淨只取陰龍剝換淸若是嫩龍終是嫩乾坤辰戌皆英俊若是老龍終是老巽辛亥艮未爲寶浪說貴陰而賤陽天下奇龍攛葬少

此章辨貴陰賤陽之非。

五星只取影中形。九星變化亦非眞。撰出後天生與尅。豈解先天大五行。先天五行無生尅。一陽變化皆太極。眞木原從土裡生。眞金本是火中出。語君莫避尅胎龍。木金火水原非逆。

此章辨星體五行生尅之非。

更把方隅分五行。左迴右轉別陽陰。生方旺地求高峻。堪笑時師掌上尋。生龍本有生之情。死龍亦有死之形。生生死死隨龍變。豈在方隅順逆輪。

此章辨方位五行生旺墓絕之非、

或取喝形來點穴此是仙人留記訣好穴難將告後人、記取眞形揣摹合子微玉髓巧分名只爲峰巒論應星若說龍胎眞有相後人虛揣失眞情

此章辨喝形點穴之非、

山上龍神不下水先賢眞訣分明語時師却把水來輪衰旺順逆紛無已誰知水法不關山失水乾龍會上天直瀉直奔通不忌蝦鬚蟹眼莫求全、

此章辨山穴必兼水法之非、

雲陽本是先天老衆說紛紜如電掃血淚沾襟歌再歌天機泄盡誰人曉

此章自序得傳之正而歸重於人之信寔無疑

天元歌第三 論水龍即水龍訣

天下平洋大地多、平洋龍法更如何、世人盡說平洋訣、都把山龍溷揣摩、郭璞久分山水法、平龍不與山龍同、山龍來落有根原、大地平鋪一片氈、首尾去來無定所、分枝過峽不須言、莫把高低尋起伏、休言渡水與穿田、

此言山龍水龍、郭氏已分、不容溷用一法、

山是眞陽神在骨、水是純陰精在血、山常葬骨不離肉。地惟葬肉不離血、人言生氣地中求、豈知地氣水

邊流流到水邊逢水界平原浩氣盡兜收

此言平洋乘氣之法。葬必界水者平原之氣渙散遇水而後兜收也

山性本火主炎上水性純陰主潤下炎上高起是眞龍潤下低蓄是朝宗山穴後高丁祿旺水穴後高絕無踪

此言山平取用高低之別

水龍原不異山龍將水作山以類從水龍卽是山龍樣枝幹分行事事同大江大河幹龍形小溪小澗支

龍情幹水潆蕩少眞穴。猶如高山無眞結。支水屈曲情相得。譬若成胎有落脈。自上而下山之止。自外入內水之止。山龍多止止求眞。水龍多止止貴神。凡是止形皆可穴。頑山頑水盡黃金。

此言平洋與山龍支幹結穴止氣之異同。

我有水龍眞要訣。水形有轉是眞結。直來直去龍之僵。有灣有動龍之活。一轉名爲抱穴龍。抱穴富貴在其中。二轉三轉貴不歇。四轉卿相不須說。轉處不分名息道。轉入分流名漏道。惟有息道是眞龍。漏道多

轉總成空。轉水不漏皆堪穴、不必止處求盡結、盡結原來是龍頭轉處腰腹亦堪收、龍頭偏側俱精妙、腰腹完全力量優、

此明水龍穴道轉結眞機、○凡龍脈之來、活動曲折爲生、硬直粗逼爲死、定脈取穴、當棄死就生。○平洋之地、浜底進脈、有左死右生、右死左生之別凡進氣若左來、必右浜長、如右來必左浜長、長爲死、短爲生、葬生者吉、

求全不必水來多、一道單纏養太和。更有沓龍從外

護、愈多愈美酒添酥、雖取羣龍來輔佐、還從一道作龍竄、別有雌雄兩道交、交時却似馬同槽、此是水龍奇妙格、相呑相戀福多饒、

此明水龍行度結作乘氣之法在其中、乘運之法亦在其中、

前六句以內水爲主、後四句另言水龍交氣之穴、○何以一道纏兩道交、何以養太和、作龍竄心中眼中、當別有領會 蘭林註

水中亦有穴龍星、五曜時時現正形、五曜只求金水

土木形有轉土之情。直木火星皆大忌、水形吞吐露金精。若應三垣并列宿、官階品級最分明、但取穴星親切處、不離金土藴眞靈。

此明水中巒頭星體、○水城有五、金土水城抱身則吉、火木二城斜插則凶、

五星論定穴當裁、三法千秋慧眼開、坐水騎龍爲上格。砂水俱在穴後兜繞挾龍倚水亦佳哉。砂水在左右環繞即左單提右單提向水攀龍非不美。水在穴前朝入後山有水始無衰。坐後環繞則吉此即玉帶水也掛角并兼三法定。莫侵漏道損龍胎。言貼體本身有支浜

分泄

此章直指水龍裁穴三法、歸本於坐後之水、而最忌漏道、

坐向雖有三格。其寔因地形之結局而定。該坐水則坐水、該向水則向水、該左右水則左右水、若能得穴。俱有大地。三格有何優劣哉。若泛就三格而論、終當以向水爲正格。蓋大地必有特朝之水、若得元乘旺、向之最美、況前接當面之旺水、正以收坐後之眞脈、向法何嘗不與葬山同、其說已詳載

歸厚錄坐向章後蘭林

龍胎雖固稱人心、遠水安攻死氣侵、沾着水痕扦貼肉。陰陽交度自生春。

此章言水龍下穴貼水爲要、蓋雖捉得脈住、又恐或脫或急、乘氣不的、故須遠近適中、方始陰陽交會也、

平原春到好栽花、挹注盈盈氣脈賒、眞水短時結氣短、眞水長時寔可誇、長龍定主源源貴、短龍只許富豪家、平氣不如環氣足。龍逢轉處發萌芽。更有一端

分別處淺深闊狹辨龍車。

此言既識龍矣又須辨其長短平環等方知力量之厚薄久暫

水若乘車號秀龍。空車湖蕩是痴龍。得運秀龍能富貴外情內氣要相通帶秀痴龍亦顯赫痴龍後蔭福無窮

此明龍之痴秀兼湖蕩痴龍穴法。○以上皆論水龍巒頭體格

水龍剖盡骨生香妙用玄機不可量八卦三元并九

曜毫厘舛錯落空亡問君八卦如何取洛書大數先天矩五帝三王緯地書九州九井皆從此只把旁龍一卦裝莫憑三八分條理須識水龍龍骨眞骨若不眞龍不起

此明水龍理氣當專主八卦方有局法作手

九星八卦貴乘時上下三元各有宜葬着旺龍當代發葬着平龍發跡遲葬著死龍憂敗絕縱然合格也難支不是八神齊到穴出元之局莫相依

此明元運衰旺之重

定穴惟看貼水城。毫厘尺寸要分明。更有照神能奪氣。外洋光透失宮星。宮星若重平分勢。照神若重獨持衡。外照過多分氣亂。局神不定運多更。還有水龍眞妙訣、只將對脈論來情來情若在眞元位、諸局參差一半輕。轉折短長純雜處。此中消息眼惺惺。

此又明宮照二神而歸重於來情之水、得運爲主、三元既辨龍神旺、九曜不純龍力喪、此是山家大五行、納甲爻中應天象、五行九曜轉乾坤、禀命天樞萬化根、在天北斗司元氣、在地八卦顯天心、四吉四凶分順逆、父母二卦顛倒輪此父母二卦顛倒言上元乾領三男下元坤領三女也不可誤認天父地母卦上去向首一星災福柄、去來二口死生門。青囊萬卷無非假、三合黃泉枉問津、能將九曜爲喉舌、大地眞精一口吞、

此明九星挨卦之重。以上論水龍理氣作法、挨星之說、管見不取、其逐條考証已備載第三卷挨星訣後、蘭林

更說高原無水地、亦有眞穴隱其際、乘高臨下即江河、萬頃低平能界氣、高低數尺合三元、一旦榮華諸

福聚若坐低空在後山數世箕裘常不替

此又言原隰之穴

江北中條平地踪無山切莫強求龍雖是乾流無水道溝渠點滴有神功隱隱微茫藏界水葬法寔與江河同我向乾流指眞水能使上士豁心胸

此又言江北平陽之龍穴

高山坦處近平田莫作山龍一例看若遇乾流或水際亦將此法論三元

此又言高山平陽。以上三節論無水平陽與有

水平洋一樣看法

若論葬水勝葬山葬山歲久氣方聯葬水秀龍兼旺運三年九載透天關山本陽精中抱陰陰精是水陽內存葬陽得陰陰漸長葬陰得陽陽驟伸

末言平洋水速勝於葬山

從來水路後天成不同山骨先天生山骨培補終不應水脈疏濬引眞情當年無着修龍法脩着之時旦夕靈莫道人工遜天巧江淮河漢禹功成

末段又言裁剪之法

楊公昔日救貧法記取三元非浪說陰陽消長互相根無著禪師親口訣杜陵狂客不勝愁四十無家浪白頭水龍一卷瞻知己大地陽春及早收

夫平洋捉脈寓有形於無形呈無象於有象是是非非一片化機苟捕風捉影望洋渺渺何處著手

注意

余早知楊公有水龍二卷訪之十年終不可得近於西陵顧氏得之洵渡人寶筏也惜趙璧未全似非完美但舉一反三觸目皆是正不貴多多益善也漫演歌訣聊當樵歌漁唱然自此搜尋陽和大

地亦復不遠云。

平階大鴻氏又識

天元歌第四 論陽宅

人生最重是陽基、却與墳塋福力齊、宅氣不寧招禍咎、骨埋眞穴貴難期、建國定都關治亂、築城置鎭係安危、試看田舍豐盈者、半是陽基偶合宜、

首章言陽宅與陰地並重、

陽基擇地水龍同、不用前篇議論重、但比陰基宜闊大。不爭秀麗喜粗雄、大蕩大河收氣厚、涓涓滴水不關風、若得亂流如織錦、不分元運也亨通、

此言陽基龍法、亦如水龍、故不復論、但取局闊大、

乃可容受、若衆水合聚、則八神齊到、三元不敗、宅龍論地水神裁、尤重三門△八卦排、只取三元生旺氣、引他入室是胞胎、一門乘旺兩門四、少有嘉祥不可留、兩門交慶一門休、大事歡欣小事愁、須用門門多吉位、全家福祿永無憂、三門先把正門量。後門房門一樣裝。別有旁門并側戶、一通外氣即分張、設若便門無好位、一門獨出始爲强、

此章言陽宅門氣、

門爲宅骨路△爲筋、筋骨交連血脈均、若是吉門兼惡

路、酸漿入酪不堪斟、內路常兼外路看、宅深內路抵門闌、外路迎神并界氣、迎風界水兩重關、

此言陽宅路氣、

更有天風通八氣、墻空屋闕皆難避、若遇祥風福頓增、一逢煞氣災殃至、

此章言陽宅風氣、

矗矗高高名嶠星、樓臺殿閣一同評、或在身旁或遙應、能迴八氣到家庭、嶠壓旺方能受蔭、嶠壓凶方鬼氣侵、

此言陽宅嶠氣、

冲橋冲路莫輕猜、須與元龍一例排、冲起樂宮無價寶、冲起四宮化作灰、

此言陽宅冲氣、

宅前逼近有奇峰、不分衰旺皆成凶、擡頭咫尺巍峨起、泰山倒壓有何功、

此章言陽宅逼氣、

村居曠野無攔鎖、地水兼門一全取、城巷稠居地水一寬、路衢門嶠並司權、

此言城市鄉村陽宅之異、

一到分房宅氣移、一門恆作兩門推、有時內路作外路、入室私門是握機、當辨親疎并遠近、抽爻換象出神奇、

此章言陽宅分房之異、

論屋神祠理最嚴、古人營室廟爲先、夫婦內房尤特重、陰陽配合宅根源、

此章言神祠寢室爲更重、

八宅因門坐向空三元衰旺定眞踪、運遇遷流宅氣

改人家興廢巧相逢

此章言八宅以門爲定不取坐向即氣口反爲呼吸之義而歸重三元衰旺故宅有隨時興廢之別此是周公眞八宅無着大士傳流的天醫福德莫安排誰見遊年獲福澤逢興鬼絕更昌隆遇替生延皆困迫太歲神煞若加臨禍福當關如霹靂門內間間有宅神値神値星交互測此是遊年剖斷機不合三元總虛擲

此章辨小遊年翻卦之謬

九星層進論高低、間架先天卦數推、雖有書傳多不驗、漫勞大匠用心機、

此辨層進九星間架卦數之非、

山龍宅法有何功、四面山圍亦辨風、或有山溪來界合、兼風兼水兩相從、若論來龍休論結、結龍藏穴不藏宮、縱使京都并郡邑、只審開陽不審龍、

此言山中宅法、

陰居蔭骨及兒孫、陽宅氤氳養此身、偶爾僑居并客館、庵堂香火有神靈、關著三元輪轉氣、吉凶如響不

容情透明此卷天元宅、一到人家識廢興、

此章言陽宅福蔭生人、視陰地較速、凡有棲身不可不慎、

陽居比陰宅、元運更重、歷驗得元失元之宅、興廢不爽毫髮、陰居尚有餘氣之遲速、陽居則一逢衰旺、如響斯應、其稍有不同者、陽基宜局大氣厚、不比陰宅之一線受氣、但亦須形局端整、天井大小配合、更得門法之進氣、隅空之風氣、道路橋梁之來氣界氣、祠宅床房之受氣、有以引之迎之界之

配合之其法斯備故第四卷後更附得一錄以備參考 蘭林

天元歌第五 論選擇

諸家選擇盡荒唐、斗首元辰失主張、奇遁演禽皆倒亂、不經眞授莫猜詳、

首言諸家選擇之非、

世人尅擇重干支、化命生辰各操政、豈知死者已無權、反氣入地爲復命、復命能司造化神、生者命從葬者定、故有仙人造命訣、不是支干子平法、渾天寶照候天星、此是楊公親口說、不怕三煞與都天、陰府空亡俱抹煞、年尅壓命有何妨、退氣金神皆滅沒、一卷

天元烏兎經、留與人間作寶筏、

此章直指選擇造命之法、而歸重於天星、可廢一切神煞拘忌之説、

太極始判兩儀分、其中日月是眞精、金烏玉兎本一物、五星四餘從此生、聖人觀象演歷法、干支甲子作天經、五行俱是陽中氣、神煞何曾有別名、只將日月同元化、萬象森羅在掌心、

此言造命天星、以日月爲主、

世間萬物各有命、不但生人男女定、造物制器可同

推、修造葬埋咸取証、日月五星大象同、一時八刻一

移宮。造命玄機時作主。毫厘千里不相通、

此言萬事萬物各有命、而其機在時、

先將晝夜別陰陽。晝夜晨昏出沒詳、此論用日月先須分晝夜十

二宮中三十度、大約六度是分疆。二十八宿七政明、

論宮論度要平分、深則論宮淺論度。一分一杪不容

情命入纏宮變五氣、日月隨命分五行、五躍四餘扶

日月、生尅衰旺準天秤、最取用星爲福曜。有恩有用

作干城、用若專權爲上格。忌星一雜福斯輕。

此章論十二宮分度纏命五行、而歸重于恩用、用曜一星落何處、陽時陰候分邊際、冬夏二至陰陽極。春秋兩分是平氣。平氣陰陽用可兼。尤看晝夜與宮垣。暑過平氣陰陽別。當極之時禍福專。陽令惟用金孛水。陰令惟用羅與火。秋木獨宜水兼孛。春土火羅金計土。春在分後須陰助。秋在分後宜陽輔。

此專論四時用忌之各異、

宮辰星體兩兼收、度前度後要深求、尤向五星探伏現、逆來順去并遲留、三方對照緊相隨。同宮隔宮一

例推。拱夾有情權力大。日月交授格尤奇、

此備言宮星恩用、諸格正變之法、

身當旺令不須恩。但將用曜作根源。平令獨恩離發

達。衰時得用允無愆。以恩爲用眞至寶。以離爲用多

起倒。以恩爲忌壽而貧。以離爲忌身不保。

此言恩用離合之法、

本宮端的管初年、宮若不純須舍旃、必取宮身俱妙

合、長安花滿任揚鞭、

此言宮星並重之妙

就中暗曜最難知空地翻同寔地司寅戌兩宮光在午丑亥二曜子中依

此言暗曜變格

更有橫天交氣法寅申有曜亥宮思己丑卯宮亥未酉短長多寡度中移

此言橫天交氣法而借亥卯酉三宮為例

月逢晦朔皆為福何必蟾光三五圓但忌陰陽當薄蝕七日之內勿爭先太白晝見經天日雖有恩星失柄權

此論薄蝕經天皆所忌、

果老星宗此的傳星書卷卷失眞銓、諸般格局皆虛

假、升殿入垣莫掛牽、

此辨星書諸格之謬

無奈星家多失學、增添宜忌謾誇張、天元秘旨今朝

啓、細察天星造命詳、

末推原造命本于天宮歷法、

俚句流傳實至言、雲陽五曲號天元、其中奧旨須尋

味、愼莫差訛累後賢、

此總結五篇而致其叮嚀之意

第五選擇歌註

原註

擇日之法，在于善候天星而化命，不與焉。蓋人死則形消氣返，有生之理已終，而復追求其始生之年，以配四柱，忌其冲犯，避其凶殺，求其生旺，擇其祿貴，此眞不明理之言也。大凡人事莫不因乎天，而成乎地。鑿穴而深藏之，所以受地氣，度日時而後下，所以受天氣，故古人謂之造命。造命謂何。山水龍向，本自天然，然未穴之前，猶如太虛渾漠，無着鑿而穴之，則如混沌之初開，萬象之初立，地之靈氣有所依附如人之初出胎然後此之殃祥從此時始故謂之造命也造命之法以日月恩用之拱夾定格以晝夜陰陽之分宮定局以格局定日以日之躔度定時以時定命以命定恩以二至二分之時令定用審山向之正偏論入宮之深淺推卦氣之衰旺觀穴形之強弱日暖風和月明星朗雲霧不生山川明媚則天精地華合爲一氣而毓秀無疑矣至於應驗之期總以三合弔冲塡實之年月斷之若夫諸家神煞在所不拘神煞雖多不

能出於五行之外五行有日月星以爲之主而五星又生於日月之兩儀天地雖廣經之以度但得日月五星到度又何神煞之有雲間蔣大鴻所著天元第五歌專論造命錄而註之

造命之法所重在時以太陽所躔之度加時宮度推之蓋陰陽晝夜時刻之分祇在于日日出則明而爲晝以行化于天日入則晦而爲夜以育精於地是以造命立于夘取日出而發生之義葬命立于酉取日入而成胎之義假如冬至後日躔箕斗

之度、在丑宮、若用丑時、則宮辰不動、造日立命於卯屬火、葬日立命于酉屬金、若用寅時、則日同箕斗之宿、已在寅宮、而寅宮心尾之宿、亦移而至卯、申宮昴畢之宿、亦移而至酉、則造日當立命於寅屬木、葬日當立命於申屬水、其餘倣此、推之十二宮辰所屬、以午未爲天、子丑爲地、寅亥卯戌辰酉巳申、則自下而上、以春夏秋冬配之、蓋取日月相對之義、故寅爲春木、而申爲冬水也、吳下風俗多作壽坟、其立命宜同造日、若用葬日、于理未安、此段註世間萬物各有命圭毫厘千里不相通下先查四時日出日入之時刻以分晝宜立何命得太陽有情以分夜宜立何命得太陰有情而立命之宮又當辨其淺深不可約略了事如周天有三百六十五度四分度之一以十二宮分之一宮約有三十度零其兩宮分界之間約跨六度宮氣不清以兩宮平分之則一宮得三度以一宮前後共計之則有六度不清之氣若立命值此六度之中只可作度主論出此六度入宮巳深方作宮主假如冬至後日躔箕四度前

一日三度過丑宮葬日用午時則日同丑宮箕星到巳寅宮宿到午卯宮宿到未辰宮軫角宿到申漸次將沒立命當在辰宮屬金以太陽入丑止二度則辰宮立命亦止二度翼九度過辰則立命當在翼十度入宮淺只可作翼火論不得作辰金論矣其同一午時之中又有刻數之差若用午初一二刻則日之入午宮淺而辰之入酉宮亦淺其酉宮前二十餘度還是巳宮張翼所占則巳宮之水氣多而辰宮之金氣少亦不得作辰金論若作巳

宮水命則巳宮立命當在星六巳過辰宮又不得作水命論也金命以土爲恩水命以土爲殺宮分不清則立命不准而恩用無憑禍福之分毫厘千里故曰一分一杪不容情也大凡太陽躔度在一宮之中則宮分易淸若躔兩傍最易混亂宜細推之此段註先將晝夜別陰陽立命之法全視恩用至一分一杪不容情下恩用有情方可立命要取用星須看節候冬至後爲陽令夏至後爲陰令春秋二分陰陽之氣平分則陰陽用星可以兼收然亦有分別陽用宜晝陰

用宜夜而用用星之與宮主又要看其生尅何如則宜生宮而爲恩不宜尅宮而爲難也冬至後以金水孛爲用夏至後以火羅爲用冬至後爲陽令夏至後爲陰令此及時得用之星故曰用星秋月立命寅亥屬木受尅于金則取水孛有情爲恩水孛雖非用星以木命受尅不得不用之也春月立命子丑屬土受尅于木則取火羅有情爲恩火羅雖非用星土命受尅不得不用之也金尅木而有水孛則金爲恩之恩木尅土而有火羅則木爲恩之

恩所云化煞爲恩之妙如此若春月立命辰酉屬金金氣正衰則取土計雙拱以育之土計雖受制於春木而見金則無害是以衰旺本無一定恩仇亦可互通隨時應用何必拘拘于某節某候而後用日哉此段註命入纒宮變五氣至秋在分後宜陽輔下宮辰即立命之宮主也星體則所葬本山之形也在天成象在地成形本是一氣貫通故本山之星體不可不辨其取恩用與立命同須兼收而不相背爲上而立命之宮與本山之宮俱要乾淨不許有仇難星侵占

有則宜另擇故要深求至於五星惟以順現爲吉遲留伏逆俱爲無力故仇難之星而遲留伏逆則不能爲凶恩用之星而遲流伏逆則亦不能爲吉也此段註宮辰星體兩兼收四句以下凡立命何宮必須取一格局方爲有情假如子宮立命恩用之星在申辰兩宮爲三方在午宮爲對照在子爲同宮在亥丑爲隔宮其三方隔宮要恩用雙到方爲合格如恩用在申而辰空恩用在丑而亥空并所空之宮別星占住俱不合格拱夾者或恩用拱夾日月或日月拱

夾恩用、或日月同恩用分立兩邊、拱夾命宮爲有情有力、此段註三方對照緊相隨四句凡氣旺則無藉于恩、如春木得火而溫、安用水孛、秋金得水而清、不資土計惟氣衰者須恩用雙濟爲美、克命者爲難克用者爲忌、此段註身當旺令不須恩八句又本宮所係至重、必要純粹只取乾淨、不妨空白、但得他宮有星、其光來照、自然有情、假如子宮立命、日月恩用俱在子、則爲同宮相照、如子宮空白、而日月恩用在丑亥、則爲隔宮夾照、在寅戌爲隔兩宮夾照、在卯酉爲四正拱

照在申辰爲三方弔照在午爲對照凡拱夾之格
兩邊宮內不宜一邊有星一邊無星宮星不宜一
邊太多一邊太少星之躔度不宜一邊太遠一邊
太近假如下元癸卯年八月十二丁未日子時葬
酉山日躔巳月躔丑寅宮立命屬木雙恩伴日月
三方拱照此秋木用水孛之一格也又如下元甲
辰年正月初十癸酉日巳時葬戌山日躔子月躔
申計在巳土在卯辰宮立命屬金雙恩夾命日月
三方照命隔一宮照山此春金用土計之一格也

又如上元庚戌年七月十二己卯日巳時葬酉山日躔巳月躔丑土躔亥計躔未金水夾日火羅夾月酉山酉命屬金滿局拱照此秋分前後火羅金水並用之法也又如上元庚戌年九月十六壬午日卯時日躔卯月躔酉土在亥計在未酉宮立命屬金日月四正拱山向坐對照命雙恩拱日夾月以此推之凡一月必有數日合好格者在人善用之而已（此段註本宮端的管初年以下）

雲間大鴻蔣氏天元五歌向無刻本流傳既久未

免魚魯失眞。不見廬山面目。今將原本繕刻。間有一二詮解。附後必註明某人辨釋。庶不至日久删改傳誤後人。嘉慶七年仲夏蘭林于楷記。

天元餘義原序

予既作天元歌五篇、其於山龍平洋陰陽二宅之義、已暢厥旨、然其爲文引而不發、世之覽者、苟得眞訣、則尋文會意、表裏洞然、若未知眞訣、徒推測於辭義之餘、鮮不循涯而無所適者、乙卯長至、薄遊丹陽、訪黃堂丹井之蹟、束裝有期、邂逅羣彥、稽留數日、究論天人抉滯辨疑、隨筆錄記、以其反覆雖多、不越五歌之旨、故仍謂之曰天元餘義云爾、杜陵蔣平階

地氣之發用分為三格
一高山之龍
二平崗之龍
三平原之龍

天元餘義

杜陵蔣平階大鴻著　秀水于楷蘭林校

上海朱之翰紫君印

龍法辨

龍者借名其寔言氣而已矣謂地為龍者亦以地氣之變化莫測言之蓋地之為氣本一而氣之發用多端予特疏其名而定為三格一曰高山之龍一曰平崗之龍一曰平原之龍高山千里來龍分幹分枝連續不斷觀其節節槎枒重重苗甲有本有末與木之

根本枝條無異雖屈曲輪囷強弱巨細之不齊總從大幹中抽引而出地脈剝換數起數伏斷而復斷無往不連蓋稟天地陽剛之性歷萬變而質不撓其自大而細也千仞之山束成一縷之脈其自細而大也一縷之脈復化千仞之山蓋其爲體隱現在骨雖穿江渡海而地底石骨自在重泉之下其氣自上而下自浮而沉此乃地脈眞精髓液固結膠注帶氣帶骨隨路流行葬者穴之骨與骨接髓與髓粘此其用法惟宜索脈索脈之道微而寔顯縱變化微渺必起穴

平崗

專言平崗

星譬之于木、脈者枝條、而穴則花房果蒂也、譬之人身、脉者其骨、而穴則骨將盡際、其節隆然而起者也、雖散落平坡之中、一望遙空、四畔無輔、而一起星辰、接連眞脈、皆作山龍而論、葬法或石或土、以求眞穴、天巧自然、思議都絶、此一格也、平崗者、高山之餘筋膜膚肉、逶迤而下、以入於田原者也、其重崗之中、頓起星辰、有脈可尋、有穴可求者、乃山龍之脱卸變化、原屬山龍、不作平崗論、專言平崗者、謂其龍不顯脈、穴不起星、雖近在山坡之中、觀其地勢、似平有所自

平原之龍

裒音茂東甌廣南北曰一

平原龍法而其體其用專在于水

來而既不起星只名平崗此不得以來龍接脉星體立穴之法求之所云高一尺爲山低一尺爲水要合山水相兼作法以低處作水界定高處土皮之氣論局立穴純借外氣乘元用事此其立穴必有砂角攢簇水城環繞勢夷而特形散而專必待旺氣元中乃能發福葬法鑿地容棺深不及泉此一格也平原龍者既無山脈亦無高崗地勢至此雖有高低不名起伏雖有裒延不名過峽一切來龍格法結穴星辰總非所論而其體其用專在于水或江河溪澗或溝洫

龍名水龍
穴名水穴
山穴其骨
水穴其血

池沼涓滴流澌情同巨浸人工所鑿力比天成水行即是龍行水轉即是龍轉水止即是龍止蓋大地陽和與天一眞精陰陽交合孳尾孕育內外招攝剛柔相涵此坎離代乾坤之妙用不可以名言者也其爲地也必乘元運旺氣而發應速而力大此龍名水龍穴名水穴譬之人身山穴其骨水穴其血此陰中之陽也變動無方葬法不辨土色不穿深壙培土玄穴陽精上浮此一格也凡此三格龍法已備楊公曰山上龍神不下水水裡龍神不上山其義如此然山穴

孳音書相生也

雖不取水、或水大於山、有時亦爲水神所制、必待水局旺元而發、平崗之用水、則與平原無以異也、由此言之、雖名三格、寔二格耳、

眞穴辨

山龍有山龍之穴平原有平原之穴皆眞穴也而其用則異平原之眞穴不按龍脈不問穴星不辨土色一邱之內自別榮枯今昔之殊頓移衰旺雖有一定之踪常隨氣運而轉有外相而無內相外氣即是內氣山龍之眞穴全在內氣有外相而又有內相識者必先因外相審其內相外相與內相脗合扞之不失要之內相生成尺寸不移石穴第一太極次之眞土又次之石穴非頑石必有龍口枕棺之石有似琢成

止可容棺穴爲眞穴向卽眞向太極者土穴也非謂紅白青黃之土便是眞土須此圈暈之內重重包裹濃淡淺深璀璨奪目眞土者氣質堅凝色澤鮮潤全與此山不同與太極同爲眞土特少圈暈耳惟有眞石眞土二者爲眞穴証佐如無卽非眞穴凡予所下山龍未有不得此而泛指爲眞穴者此等佳穴今人只緣不知外相則不善審脉不曉星體而孟浪開鑿何從憶中無怪求玄珠于赤水得之者恆少也嗚呼種德之英不概見大地之寶不世出其湮沒也宜哉

世之論穴情者不啻千萬而總無眞訣最庸陋者喝形點穴一家曰龍形下龍頷虎形下王字象形下鼻穴龜形下息穴鳳形下鳳翼或下御珠蜘蛛下網心人形下臍陰黃蛇聽蛤其情在耳雁落平沙其情在蘆織女抛梭動在兩乳仙人献掌穴在掌心妝檯必有粉盒棊盤須點將軍梧桐葉上偏生子楊柳枝頭出正心如此之類不勝枚舉彼第觀夫名家作記偶一喝形此不過眼中看定眞穴無從顯言故托物寄情緣形寓巧使人循文會意彷彿遇之耳豈沾沾以

喝形爲哉亦有種種証穴之法曰明堂証穴曰龍虎證穴曰水城證穴曰案山證穴曰星曜證穴曰鬼樂證穴或以案山之高下定穴之高下或以過峽之浮沉定穴之浮沉或以龍從左來穴居右右來居左皆不知眞穴消息舍本尋末棄主就賓暗中摸索而已亦有五星定穴者金星宜開口土星宜掛角木星宜揪皮宜節苞火星宜剪尖水星宜水泡差爲近之而執定五五星總非要訣又世傳楊公十二倒杖法意楊公當日攜杖登山隨機指點後人神其說以爲穴法

在杖耳。且立穴止有一法。何假十二。至於一法之用。千變萬化。又豈十二之所得盡哉。更有窩鉗乳突之異。蓋粘倚撞之分。論其結穴點穴之理。寔不外是。而究不得其出脉之源。若其裁制之法。曰乘金相水穴土印木。於水曰金魚曰蝦鬚曰蟹眼于沙曰蟬翼曰牛角。又曰若還剖破太極暈。蟻水便浸棺。此亦定穴之準繩。而豈穴脈之眞。面目。哉眞知穴法者。一見洞然。如明鏡照物。不待旁求。無煩苦索。不過曰龍脈眞。星體確。浮沉吞吐前後左右之間。求取眞穴而已矣。

既得眞穴有界水亦得無界水亦得有陰砂亦得無陰砂亦得蓋山形顯著者古今不移而土膚之微茫者水草變易豈可舍其顯著而信其所不可知也哉世所指爲太極者乃外相之太極非內相之太極也苟不剖破何以容棺若不得眞穴雖不剖破蟻水安免既得眞穴矣剖破正所以接脈接脉正所以避蟻水又安從浸棺耶又有精微之論曰草中之蛇灰中之線雲中之雁盞中之酥蓋別有一種變幻之穴骨氣消融殆盡散落平夷渺不可測此則用眼法求之

無中生有。虛中取寔。正把捉之法。非虛渺之談也。而豈謂凡下穴者。盡舍其昭昭而索之冥冥乎。總之古人設論。本欲世人周規折矩。因此悟審穴之法耳。不意一法立而一弊生。解縛之法。反成增縛。故直欲掃除一切名相之君。單提直指。使明眼人不假旁求。以影響爲逼眞焉。夫穴在高岩之頂。或在淸冷之淵。或絕壁懸崕。俯視無底。或單身隻立。曠野無依。苟胎元既完。何須龍虎。眞息住處。奚假明堂。至寶常在路旁。無人能識。盛德不脩文貌。何處搜求。我爲指出。亦有三法、一曰孕育之穴、一曰迎接之穴、一曰邀奪之穴、夫孕育之穴、結聚之穴也、或腰結、或大盡、眞龍特出、變化無方、有奇脈、有正星、不是石函、須見太極、此穴至美、而或以醜拙出之、故最不易識、葬之者視其局之大小、決其福之厚薄、苟非世積陰功、忠孝節義之家、不輕指點、此穴中第一格也、迎接之穴、不必眞結、而亦此山旺氣、變動生發之機也、或起息肉、或掛流神、扦之一法、迎其旺氣、接其生機、故曰迎接、不見石函、亦無太極、只要其土潤澤堅凝、便爲消息、亦可富貴蕃息斟之酌之亦眞穴也邀奪之穴龍身之穴也眞龍方行未住而龍脊之上勢若三停穴星呈露後見其來前不厭去則立騎龍之穴或轉關之處眞峽之旁節苞萌芽穴星忽見龍身自去此穴自留則立斬關之穴凡此二法隨其龍身之貴稱量而發而世代不能悠久亦眞穴也要之格雖有三而其法本一故曰得其一萬事畢穴法之謂也

宅分三格
一井邑之宅
二曠野之宅
三山谷之宅
井邑之宅
街巷道路为先
方隅風門為要
水法次之

陽宅辨

人生禍福之數陰宅居其半陽宅居其半若祖墓不沾凶氣一遇吉宅輙至榮華若住宅正屬衰危縱有佳扦亦難發福陽宅之不可不重如此我爲辨之亦有三格一曰井邑之宅二曰曠野之宅三曰山谷之宅夫井邑之宅或居城郭或居市鎮萬井爨烟重闉比戶地脈朝向大畧相同而考其吉凶判然各別此其所重街巷道路爲先方隅門風爲要而水次之蓋車馬人跡因咽闐闐響振塵飛無非動氣此其嘘枯

岑寂之鄉水法得宜

曠野之宅以水為主風門方隅次之道路又次之

山谷之宅以風為主其餘皆次之

吹生熖逼影捷不同岑寂之鄉若更水法得宜舟帆交横尤爲出格之局得其元者富貴驟至蓋此宅也曠野之宅以水爲主而風門方隅次之道路又次之若大江大河則其應亦大小溝小澗則其應亦小此與平原龍法同科而微有細大之殊專擅一方氣鍾於特若元運綿長奕世承祧子孫不替盖此宅也山谷之宅以風爲主其餘皆次之蓋其風摩空而下障之者萬尋而漏之者千仭竅穴吹條排山拔木其吹祥也發不旋踵其吹咎也殄無遺迹非眞得眞元之

陽宅之所收者
外氣而已

氣我不敢居也嗚呼安得三元不替之山谷而奕世沐其休乎鷄犬桑麻與世迴絕擬乎仙都蓋此宅也凡此三宅皆擇堂氣寬舒水泉平衍之地而築之若夫通都大邑自然龍脈之結聚然其所謂聚勢聚而已氣聚而已豈若陰基之地一縷靈光如花房含露與人之骨髓相沾哉蓋陽宅之所收者外氣而已山川風物挹攬光華雲奔電閃其作用止在泉土之表非求之一線之絡至于翻卦遊年此占年之小數非定宅之正經苟知楊公眞旨則槩可畧也此皆昔人

未發之義、予特為辨析、以告世之工于相宅者、

覆舊攷辨

前事者後事之師故學地理者莫要于覆舊攷矣得一義爲授一法爲合之舊墓無有不驗而後可據以爲實如或與舊攷吉凶不合中必有悞必當再加考訂予嘗考之相傳地理諸書與當世行術家言入主出奴各成其是乃按之舊墓往往不驗心竊疑之後得杜陵之學以其說印之古先名墓其休咎之應秋毫不爽然後知覆舊之功不可少也雖然得其傳而後覆舊則絲絲入扣眞入正宗矣否則泛言覆舊反

致以非作是其誤愈深蓋舊坟之應驗無差而肉眼之品題多妄或其家本發於舊坟而反指其新扦或其家實發於新扦而反指其舊墓世代相瀰則遲速不驗此一悞也或其家本從陽基而發而歸功于陰地或其家本從陰地而敗而歸咎于陽基二宅分途則測應顛倒此一悞也更有一塚之中或主穴發而反取其祔葬或附葬合而反取其主穴丈尺之間大有逕庭又一悞也更有眞龍正結已屬舊坟所得而下穴之人槪非大匠卽遇名賢而吝惜天寶不肯盡

法或沾餘氣而福力較輕或挿旁枝而房分偏駁天然正穴猶倘投閑後人罔知以爲此龍力量如是執此論龍龍法不盡執此論穴穴法幷乖又一悞也更有其地本從龍穴而應世人謬指爲某水某砂或其地本從水法而應世人謬指爲某龍某星卽如陽宅亦有數端或門路風關一時驟起而論者妄揣其來龍或脩方外氣符合元神而論者偏裝夫卦例凡此之類萬路千歧一瞽能眩百明一聾能塞百聰交口訛傳盡爲定論甚至繪其圖象鐫之棗棃後人按籍

而求相與沿襲舊聞而已一旦遇高識之士指點眞機訂其謬誤反詫以爲異說非笑及之于是乎覆舊攷之一說湮沒邪蹊莫可救正矣至于古來名墓世數遼遠眞跡茫然傳述或多附會必須自出手眼剪荊棘而露眞蹤辨黑白而歸一是然後前人之面目方顯後學之眼界始開予所愼于覆舊者其意在此若不得眞傳不具卓識而汲汲引舊蹟爲證將不證其眞反証其僞我憂其愈覆而愈迷也

八卦先後天體用說

易之字、日上月下、一畫中分而陰陽判、所謂太極分兩儀也、自兩儀立而四象成、四象成而八卦定矣、原夫天地之始、一坎離之氣而已矣、坎水也、而中有一陽戊土、離火也、而中有一陰己土、自坎離一交、而戊土入離中、成乾卦、乾位乎上矣、己土入坎中、成坤卦、坤位乎下矣、易所云、天地定位者此也、於是積離之氣而爲日、積坎之氣而爲月、東西者日月之門戶也、故離位乎東、坎位乎西、然兎者月之象、而反麗乎東、

烏者日之象而反麗乎西者何也此陰陽交感之理
也易所云水火不相射者此也西北多山東南多水
故艮位乎西北兌位乎東南西北天門也東南地戶
也崑崙之頂起於天門尾閭之水洩于地戶而潮汐
則上應太陰以爲升降一晝一夜一往一還此氣之
上湧乎天門而直達乎地戶也易所云山澤通氣者
此也鼓萬物者莫疾乎雷動萬物者莫疾乎風晋史
天文志天河爲天地之脈絡通行西南東北之方因
之乾坤得以相摩八卦得以相盪運而不停萬物得

以生生而不息故夫子贊易曰鼓之以雷霆潤之以風雨日月運行一寒一暑易所云雷風相薄者此也此先天八卦之體也若夫乾之後天離也坤之後天坎也坎數一離數九合而爲十中藏戊己之氣共十五數六卦皆受天地之偏而坎離得天地之正中氣者二十四位皆在局中下坎離即下中氣矣坎之先天坤也離之先天乾也下坎離即下乾坤矣坎爲月離爲日下坎離即下震兌矣在易爲坎離之交姤爲水火之既濟水火相濟而不犯消滅其妙何如故坎

離之局爲第一先天之艮即後天之乾也先天之兌即後天之巽也乾數六巽數四合而爲十通中央之數亦合十五乾巽相通即天門地戶往來之道也乾山巽水入則闔闢全矣先天之震即後天之艮也先天之巽即後天之坤也坤二而艮八合數爲十通中央之數亦合十五天河始于艮而終于坤爲天地之脈絡萬物生息而不窮故用而易發也但雷風相薄于天地未判之先故先吉艮二陰而一陽坤則六陰皆全陰小人也君子道消小人道長故不免于後凶

紅字指先天卦位
黑字指後天卦位

離　乾　坤　兌　巽　坎　艮　震

先天之離、即後天之震也、先天之坎、即後天之兌也、
震數三、兌數七、亦合爲十、得中央之數、亦合十五、蓋
此卦氣純厚、不患消滅、每出高世之才、超羣之士、以
震兌卽坎離之方也、此後天八卦之用也、

注意　天元餘義、卽前五歌大指、或前隱而後顯、或前略
而後詳、其辭愈淺、其理愈深、不厭反覆推詳、益見
元機呈露、刻以附後、足資考訂、
嘉慶七年仲夏蘭林于楷再記

太極篇

爲君尋龍說眞義。尺寸元微有神異。若還辨脈不精微。下手之時便心悸。堪笑時師術未工。兩水便道夾眞龍。縱曉龍爲水根蒂。不識陰陽亦尙蒙。先天位有十二幅。幅幅有陰陽共四六。上貫平天下貫泉。泉泉當盡處天心復。土實不靈氣不融。土空則動氣乃通。通通行之水如走馬。若不止蓄氣仍空。水到窮時太極明。太極起處五行根。五行涵育生八卦。一卦三山顛倒輪。立穴先須觀太極。在何方位須詳識。陰陽細辨莫糊

途五行方可論生尅若貪堂局不知龍單顧巒頭失正中合盡諸書多吉利其如凌替日貧窮

此水盡處即太極起處所謂水到窮時太極明也加以方位當令得運亦即所謂一六共宗之義也再得能巽水遠照則離氣益眞又即所謂先天對待之體四九爲友之義也其爲大地無疑矣舉一卦而八卦可類推　蘭林氏

平洋千金訣

堪輿之文繁且多要訣盡包羅勸君平洋看水龍灣曲是眞踪直來直去氣不收下了死龍頭曲處不分名眞息逆上胎斯結穴後分流氣脈空葬下便遭凶單龍轉結氣脉和子息自登科更有羣龍相護應富貴天然定水龍首尾要知因穴道可相親水龍葬法分三格時師尙未得蕩龍帶秀亦堪扦又有落河邊公行幹水人人見不及私情戀第一看水先看來駁雜不須裁但見來源從一卦此地眞無價來情得令

福周全非時禍亦專得令失令觀九氣此是先天數一卦統三顚倒顚關竅此中傳左右挨加順逆行分明辨五星管一帶二人不知禍福不差遲惟有乾坤一大關代代作高官交媾陰陽妙更元差遲禍難言來龍生氣既乘時作法更精微從來穴有諸般法不許差毫髮信手拈來皆妙道處處爲眞造若將吉地變爲凶笑殺眼朦朧先天體格後天用本末分輕重內氣外氣爲經緯聯絡無相悖上天列宿五行精三分論挨星元辰一滴爲眞蒂太極生天地時師不明

生尅理、進退無憑據、紫微北極坐中央、天星佈八方、二十四山雙雙起、父母相交際、天然向法認金龍、十字問貞蹤、金龍來短近安排、來長遠處裁、不辨天星犯差錯、葬下多蕭索、三星五吉神仙法、體用多包括、下手當知直達機、補究得便宜、近應遠應要清純錯亂禍來頻、三元變化可通神、死執便非經、去水之方有還氣、時師少能會、會得水龍來去情、分房知廢興、古人又有脩龍訣、與君相會說、濬疏得法自天全、一點作根源、血脈流通百脈勻、化育自陽春、平洋與山法不一、坐後空尤吉、左右低平前面高、旺氣產英豪、極低便作水來論、乾流亦有神、平洋三法須要知、持此與君推、山中帶骨眞氣結、浮土反成拙、葬水還勝葬山好、山龍眞穴少、山龍向法有差殊、入手可詳推、龍經萬卷話成虛、不及一篇書、

黃白二氣說

客問地理家平地立局之旨何居曰昔有至人玄默忘形升神太虛乍離黃壤未即高天垂光俯視萬里如掌諸家莫睹惟見黃白二氣縱橫四馳散布瀰漫若和風揚砂動而不疾者黃氣也經緯橫施蜿蜒不斷勢隆隆起綿若匹練聚若縈雪有光耀物外柔中堅者白氣也黃氣者大塊之土氣白氣者江湖溪澗之水氣也白氣界于黃氣之中並行而分道黃氣所至遇白氣輒止白氣爲城垣黃氣爲雲烟白氣爲囊

槖黃氣爲餱粮、地理家依水立局、乘止氣也、白氣爲引黃氣爲隨、衆引所交、其隨則聚、故水欲其合。白氣直流、黃氣直隨、白氣蠕動、黃氣瀠洄、直隨則散、瀠洄則聚、故水欲其折。白氣一遇、黃氣一止、白氣再遇、黃氣再止、如是三四、如是五六以至于無窮、少遇則薄、多遇愈厚、故水欲其重。白氣長梗、黃氣雖止、无所依戀無所扳援、乃從左右背走、止而終散、必有枝條槎枒、氣乃得留、故水欲其界。界而平直、止止復行、故水欲其圜。我穴其圜、左右並歸若水斷際、反爲水源、黃氣爲衆水所拘、遇斷得門、黃氣從門而出、無所得獲、不出則无所不獲、故水欲其通、小水在南大水在北、我雖依南、不耑于南、小水在東、大水在西、我雖依東、不耑于東、親疎分情、賓主分勢、當知親親而等疎、主主而禮賓、故大江大湖之旁、外氣內氣、交橫于此、建都立邑、置宅安塋、參量均衡、有不可廢、非獨水也、高山茂林、巍居峻郭、皆足以回風反氣、自高及下、迫黃氣之來歸、橋梁街道車馬人跡之所往來、亦足以振動黃氣、動則引之使來、靜則限之使止、斯非至精、孰

能與于斯乎

黃白氣章

蠕動縈回

交聚

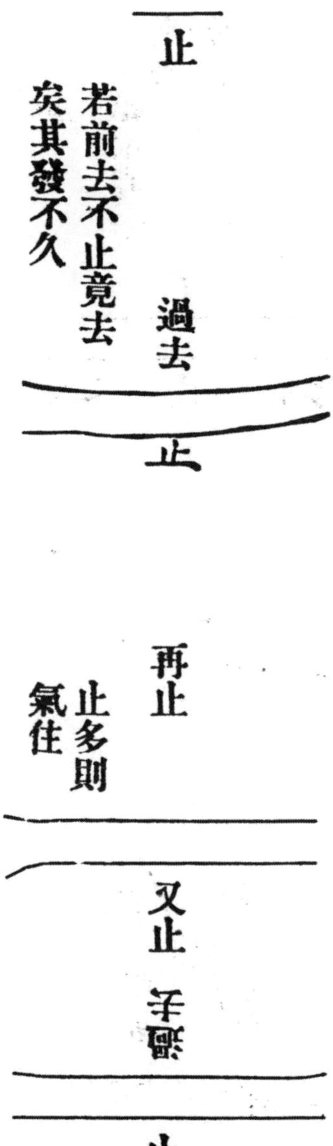

止

若前去不止竟去突其發不久

過去

止

再止

止多則氣住

又止

過去

止

分右　止　左分

止

此水直長
止而分散

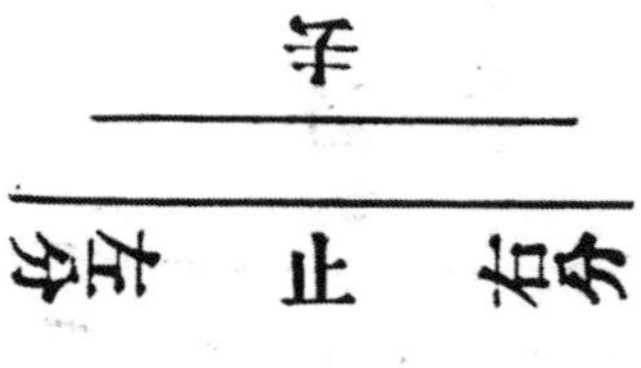

水去
吉氣亦隨去
煞氣亦隨去

槎枒

止
左不分

止
右不分

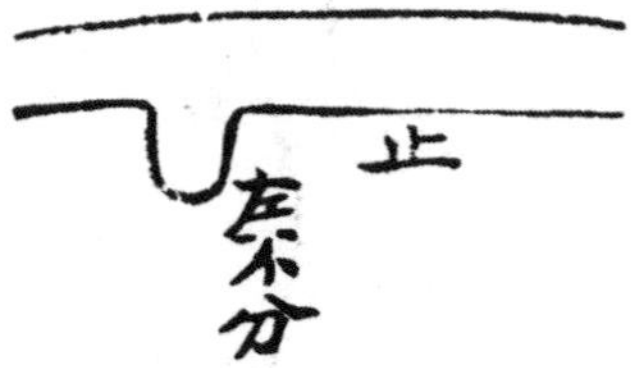

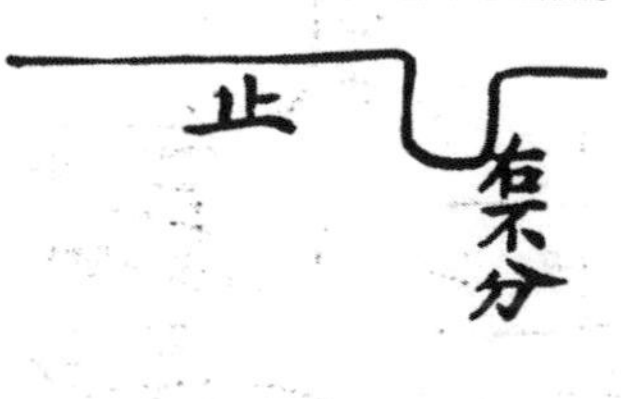

直界復行圖

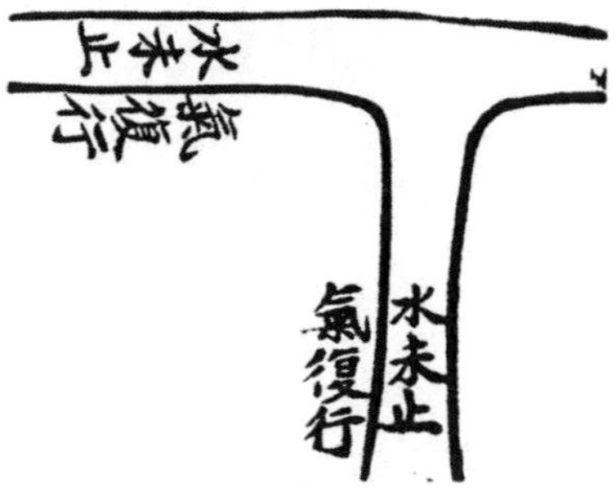

水未止
氣復行

水未止
氣復行

圓水並歸圖

氣聚于此

卯方水小而艮方水大則兌氣不真而坤氣多矣

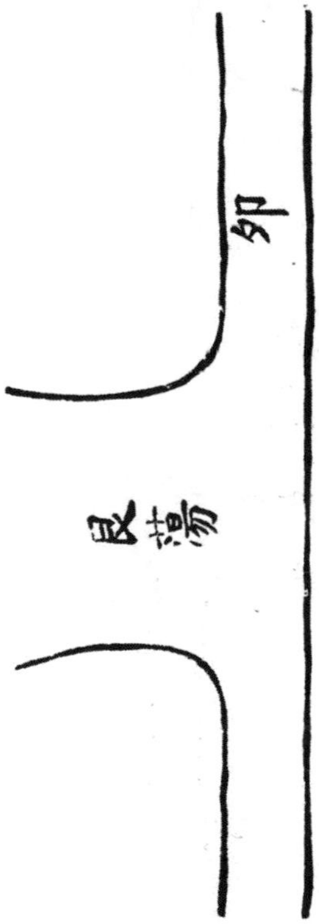

卯

艮

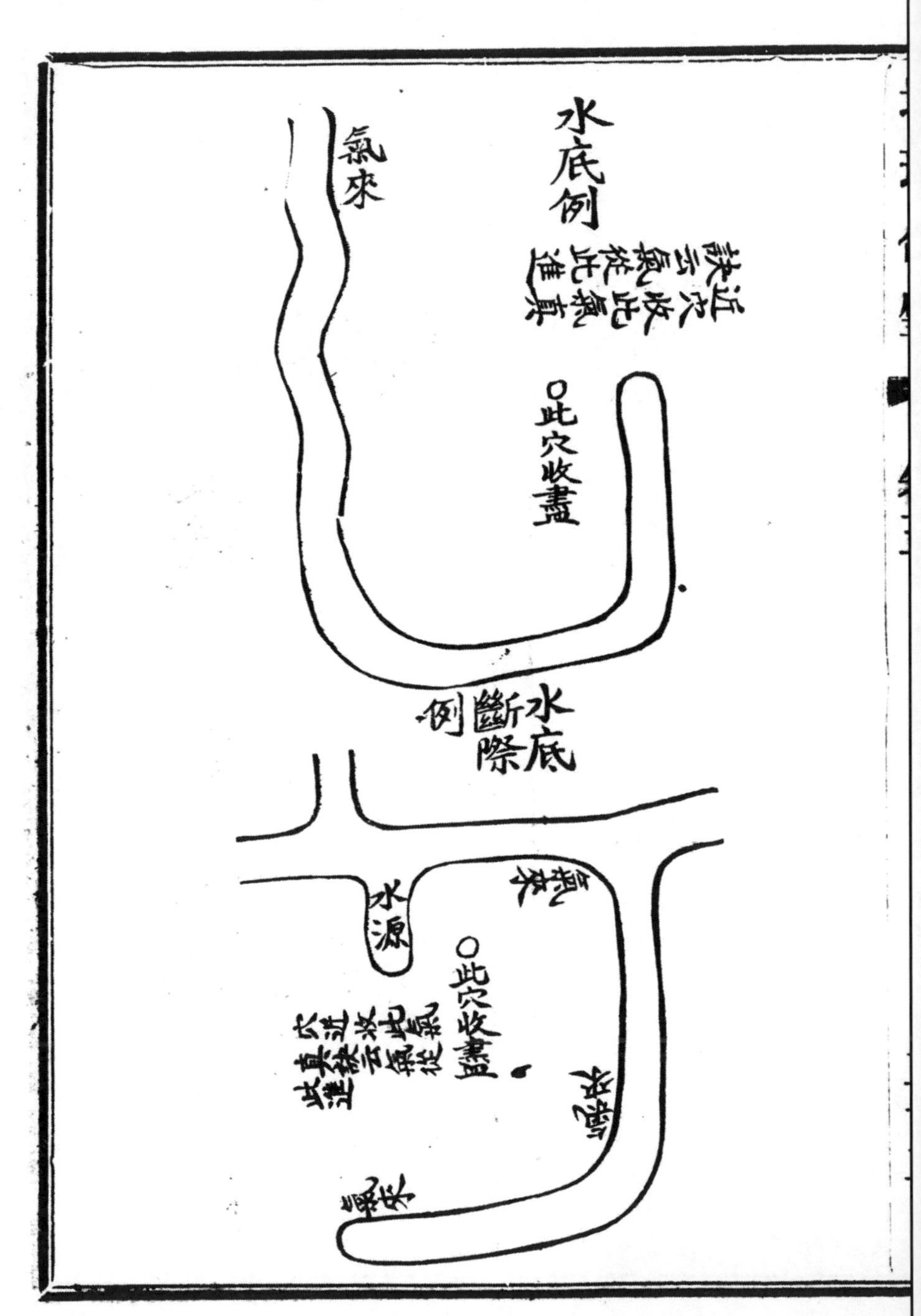

水底例
氣來
近穴收此氣真
訣云氣從此進
此穴收盡
水底斷際例
水源
氣來
此穴收盡
氣來
氣來

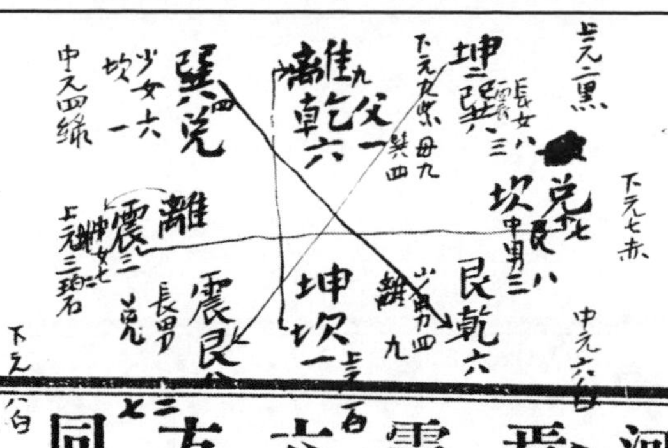

附摘錄雜說

先後天八卦體用相需

河圖洛書相爲表裏先天後天體立用行而元運出焉蓋分先天四陽卦爲上元如上元一白坎當令必需離方水者離乃先天乾位乾爲父故爲第一而一六共宗故六白乾爲照神上元二黑坤當令必需艮方水者艮乃先天震位震爲長男故爲第二而二七同道故七赤兌爲照神上元三碧震當令必需兌方水者兌乃先天坎位坎爲中男故爲第三而三八爲

朋、故八白艮爲照。神、中元四綠巽當令、必取乾方水者、乾乃先天艮位、艮爲少男、故爲第四、而四九爲友、故九紫離爲照。神、分先天四陰卦爲下元、中元六白乾當令、必取巽方水者、巽乃先天兌位、兌爲少女、故爲第六、而一六共宗、故一白坎爲照、神、下元七赤兌當令、必取震方水者、震乃先天離位、離爲中女、故爲第七、而二七同道、故二黑坤爲照。神、下元八白艮當令、必取坤方水者、坤乃先天巽位、巽爲長女、故爲第八、而三八爲朋、故三碧震爲照。神、下元九紫離當令、必取坎中水者、坎乃先天坤位、坤爲母、故爲第九、而四九爲友、故四綠巽爲照神、蓋上元陽卦先長而後少、下元陰卦、先少而後長、當與古鏡歌卦運脩短參看、八卦先天至而後天不到、其效非神、若後天到而先天不合、其驗莫應、如坎一當令、收盡離水、則先後天皆合、如離水當令、而坎方寔地爲正神、百步內不爲水溝河道界斷、是先天至而後天亦來、餘可類推、

九宮元運

本元本運爲生龍、催運爲旺龍、本元未交之運爲平

龍、出元當煞之運為死龍、未交當煞之運為困龍、如上元一白當令顛倒輪之、離方水為正吉而以坎水為正煞、以一六共宗、仍將四綠顛倒輪之而以六白乾水為催。吉、四綠巽水為催煞、兌水與艮水為平龍、坤水與震水為困龍、餘可例推、大約上元四吉、離艮兌乾之水、四凶、則坎巽坤震之水、下元反是、又中元五、黃運二十年、前十年寄四綠地、六白水、屬上元、後十年寄、六白地、四綠水、屬下元、故此二十年、分屬上下元、名為、三元、實則止上下兩元耳、

遁五黃到方

河圖洛書以五十居中而九宮亦以五黃爲極凡立穴定向必要取五黃所到之方必要收五黃所到之水以五黃居中爲主能領袖八方也如上元一白當令即以一白入中調佈五黃在離故要收離水到穴下元七赤當令即以七赤入中調佈五黃在震故要取震水作主五黃得令寄旺於艮坤辰戌丑未而以五黃入中調佈此八方之水餘可類推

地理合璧卷五終

周同纘子緒
王銓濟巨川 校字
沈爾晟景陽

六

歸厚錄 蔣大鴻著

氣化 剛柔 幹支 胎息

辨象 乘龍 坐向 定卦

審運 來情 注受 巨浸

星符 原隰 營兆 還運

祔葬 陽基

地理辨正錄要合辟

續直解悉遵原刊 霽湘

己巳春朱壽朋題

地理合璧題詞

聖賢大道此為首端救濟良榮修齊偉觀
兩間造化二氣旋盤潛心研究祕法聿完
此道通曉物阜民安邦家之光美哉斯刊

戊辰冬至紫寥撰句　朱壽朋書

地理合璧錄要卷之六

歸厚錄于序

歸厚錄十八篇見於諸刻者葉氏地理大全則改擴誤注潘陽范氏又多棄取僅刻十二篇崑山片玉豈尙容殘缺耶爰錄其全文間有用韻失粘處稍爲移易正之小注有空套無關得失者删之有管見異同處作論附後之辨之其要旨則悉照原文第傳寫既久不免亥豕之誤其中一二圖注間有異同或係後人妄添恐蹈前轍仍照舊錄存不復改正有識者自

能辨之嘉慶壬戌夏六月蘭林居士于楷序

歸厚錄凡例 蔣氏原本

是書所採擇者、玉鏡經、千里眼、夜光集、郭氏水鉗、楊公遍地鉗、天玉經、水龍經、三字青囊諸書、一經搜討、具見精微、乃楊曾廖賴之正傳、近代惟幕講師精其術、劉青田允能合轍、數百年來、所傳皆誤、近世有九局三元、於水龍止十之一二、未有全璧、而山龍陽宅、無有知者、予得眞傳、乃曉水龍息漏二道、宮神照神、三龍穴法、併明山龍陽宅眞機、地理之學、始無罣漏、向之所習、都有遺議、

是書三易稿而始成定本與予所授呂子天元歌相表裏傳之後世不至悞人然必謹循孝弟忠信之德者乃可得聞非其人慎勿輕泄

是書正文已包大義而詳析盡在注及圖例半義無訛若非圖注猶在暗室學者毋妄生分別

是書圖例不能盡繪舉一二以見千百觀者以例推之善通其義可也勿以迹象拘泥致失作者之意

盤法只用正針二十四道向水皆準此立局止忌

干支交界之處以防溷擾其餘諸盤層數皆後人妄添衆說紛紛徒亂人意故悉刪之

蔣平階大鴻述

地理合璧錄要卷六目次

歸厚錄

氣化章　剛柔章
幹支章　胎息章
辨象章　乘龍章
坐向章　定卦章
審運章　來情章
注受章　巨浸章
星符章　原隰章

營光章　還運章
祔葬章　陽基章

地理合璧錄要卷六

雲間蔣大鴻著　　秀水于楷端士輯
上海朱之翰紫君校

歸厚錄

觀其凡例，自是蔣大鴻所作，而瀋陽范寅池又以為失作者之名，疑是秦漢時書，明冷啟敬注，未知何據。之翰又考華亭縣志，明是蔣大鴻著無疑。

氣化章

一元氤氳。動靜闔闢。天降陽精。地載陰魄。陽精為氣。陰魄骨宅。兩儀備經。五行一脈。乃具三才。人列地天。升陽還虛。留陰返泉。是曰歸藏。葬禮具焉。苟求厚葬。

擇地爲先。地之眞氣。與天元符。二曜周環。五行相摩。得元孕育。反精導和。久久無傷。吸氣彌多。子孫形質。祖父育養。如彼草木。得地豐穰。根荄膏澤。枝葉秀朗。其本或撥。枯落夭枉。吾視凶葬。槨棺覆仰。螻蟻窟穴。寒泉搖蕩。子孫衰弱。宗祀絕享。世有瞽儒。高視遠蹈。不相厥宜。棄親於道。漫云邀福。遺譏父老。詎意覆宗。翻成潦倒。亦有狂且。狎天貪眊。否德不臧。侈求地寶。殫資傾謀。終無吉造。惟彼哲士。體道通元。地名法象。必曰先天。先天已立。法象自全。心爲大地。詔我後賢。

此章言人身具天地陰陽五行之氣。既沒則魂升魄降。葬得其宜。朽骨得氣。陰魄常安。子孫之精神即祖父之精神。故死者受氣。則生者榮昌。此根本枝葉一氣相通不易之理也。古之大儒。惟以安親爲本。原非邀福。私心特先靈之安與不安。無從可驗。故即子孫之隆替。卜祖宗之安危。苟不得吉壤。或致翻棺覆槨。螻蟻寒泉侵蝕。豈非不孝之大者乎。然大德受大地。小德受小地。不德受凶地。天有一定之理。蓋陰陽五行一太極也。苟能修德自得

吉。壤此叉先天本原之學。立平陰陽五行之先者也。原註

首章泛言其理、未及法制條例、不重。蘭林

剛柔章

稽古鴻濛。未分地天。水火二氣。升降虛玄。坎離一交。乃構坤乾。陰閤陽闢。剛柔相涵。或凝爲山。或流爲川。地血爲水。地骨爲石。葬山依骨。葬地依血。山若離骨。水泉砂礫。地若離血。瀉鹵磽确。石多則亂。水多則渙。亂石勿葬。渙水勿挼。可葬之亂。亂而不攏。可挼之渙。渙而不散。不攏不散。大聚之驗。骨體堅定。水脉流行。堅不可傷。流不可凝。疏瀹宣導。寔比性成。言龍言脉。皆是強名。至人察之。覺照孔明。

此章言人知乾坤交而爲坎離。不知混沌之先。未有天地。止水火二氣。爲眞陰眞陽升降虛無之表。隨元氣而上下。道家所謂梵炁也。此炁摩盪不已。其輕清者爲天。重濁者爲地。所謂坎離一交而成乾坤也。然乾坤之體。雖判然二物。而乾坤之炁則交而不離。一闔一闢。互爲剛柔。剛者爲山。柔者爲川。石乃地之骨。水乃地之血。人稟水土之氣以生。故其死也。骨肉復還於水土。制爲葬法。葬高山則石爲生氣。葬平洋則水爲生炁。故乘得生氣者吉。

失生氣者凶也今人但知葬乘龍脉不知高山石龍則有脉可循平洋一片有何脉息只以水之流動處即是眞龍故曰山羣以山爲龍水羣以水爲龍人能於水中求龍不以地之實處求過峽脉息轉關摶換則得平洋之眞訣矣蓋山脉堅剛一定不移葬法絲毫不可虧損任其自然無容勉強水則動而不靜流而不息原無定質可變吉爲凶亦可變凶爲吉大局既定不妨小小改作以就內局所宜當填則填當濬則濬所謂裁成輔相奪神功

改天命之妙用也且水既以動為用理當導之使行所以去水之地愈去愈清愈清愈靈庸術不知以蓄水為得蔭乃從下流禁遏尾閭不通血脈不貫便成死龍矣蓋平洋惟以水為眞氣得此眞氣與山之眞炁福力無異夫天一生水乃是坎中一點眞陽化生萬物是故木非水不滋金非水不清土非水不潤火非水不濟五行以水為本此即先天之妙萬化不窮者也平地舍水而言龍脈拘泥來崗關峽反失眞元之氣矣自非至人孰能究其

精奧哉

此章亦泛論山平剛柔之性情尙在作用前一層

蘭林

幹枝章

水既成龍，還分幹枝。大江千里，起祖之基。百里十里，宗派流澌。一里半里，小枝之餘。氣接大幹，建國封圻。氣接小幹，公卿威儀。氣接大枝，甲第逢時。氣接小枝，富庶可期。屈曲生龍，鍾靈孕奇。勁直死龍，去如土灰。漭漭癡龍，縱福亦愚。條條現龍，雷奮雲飛。單龍生羽，自交自孳。雙龍並駕，樂得雄雌。一龍衆子，竝蒂連枝。胞胎之厚，元精未虧。慎勿貪幹，幹老則危。幹復生枝，其幹乃滋。慎勿棄枝，愈細愈宜。一枝獨榮，衆枝皆輝。

衆枝同榮遠幹悉隨幹之動處始有枝蔑枝之合處幹氣不離來者爲公去者爲私公是過客私是主持衆水雖聚一水發機發機之所與衆不齊名曰化炁噓吸歸臍微茫渺忽太極所胚此是玄竅妙入希夷希夷有朕非神莫窺

此承上章言既以水爲龍則水龍便分枝幹而福力分焉然必屈曲活動而後謂之龍不然雖有水而盡屬死氣枝幹皆不可扞若半死半生則棄死就生亦可發達亦有大湖大蕩略有兜收可葬而

內煞未極深秀砂體不甚玲瓏謂之癡龍但發財丁而少俊傑迢迢之水有首有尾關攔緊密望之可見名爲現龍遇時升騰可以變化單行之水雖少輔佐止須轉身旋遶或別生枝節便是羽翼其氣自能交媾雖單不獨雙龍雌雄交配久而不替更不待言亦有一條單水其間兜收不一行如瓜藤停若節苞一地之上或二穴三穴不可限數此是胎氣深厚故養育衆多只要各自成局主客相應此既能收彼亦能攔則全扞並發亦無減力之

患今人但知幹龍之貴不知幹老反不生育須幹上又能生枝然後幹氣始藉枝流融液反能接幹之氣不使走作如老夫得少女枯木生柔條而後能懷孕產子生花結菓小枝與幹不同疑其氣薄力弱不知脫卸深藏愈細愈妙但此三三兩兩六六五五等質齊量不相統攝又不能成地必有一水獨結而後衆水皆爲其用若能使衆枝翼衛一枝必是極大結局併遠來幹水亦皆環遶迎朝全力凝注在此斯上等之龍矣幹之動處二語足上

文愼勿貪幹四語之意枝之合處足上文愼勿棄枝六語之意來者指通行之水而言雖大聚亦是衆人共得之水故曰公公者但可借爲外秀故曰客去者指浜底流出之水雖一滴亦是本身元神精華妙液緊貼我身故曰私私則托命於此將此眞氣以控制八方砂水故曰主持由此言之則衆水雖有大局非此一水結局全無靈應然則發衆水之機者此一水也若此水而亦與衆水全其形勢又安知其孰爲主孰爲客哉必也衆大特小衆

法意：平洋看結脈之要旨。

小特大衆長特短衆短特長衆直特曲衆曲特直衆斜特正衆死特活而後生氣獨聚于此此爲眞龍而餘者皆其輔佐矣但此水之妙在微茫渺忽之間即造化之太極人生之玄竅變變化化皆從此出故曰化氣世目遇之迷離恍惚無從致辨而又確乎有可見之形可據之理非幻浪之談學者神而明之可也

此言有枝水方能接氣能止氣若無枝水不成化炁縱有大局亦不能收爲平洋看結脈之要旨　蘭林

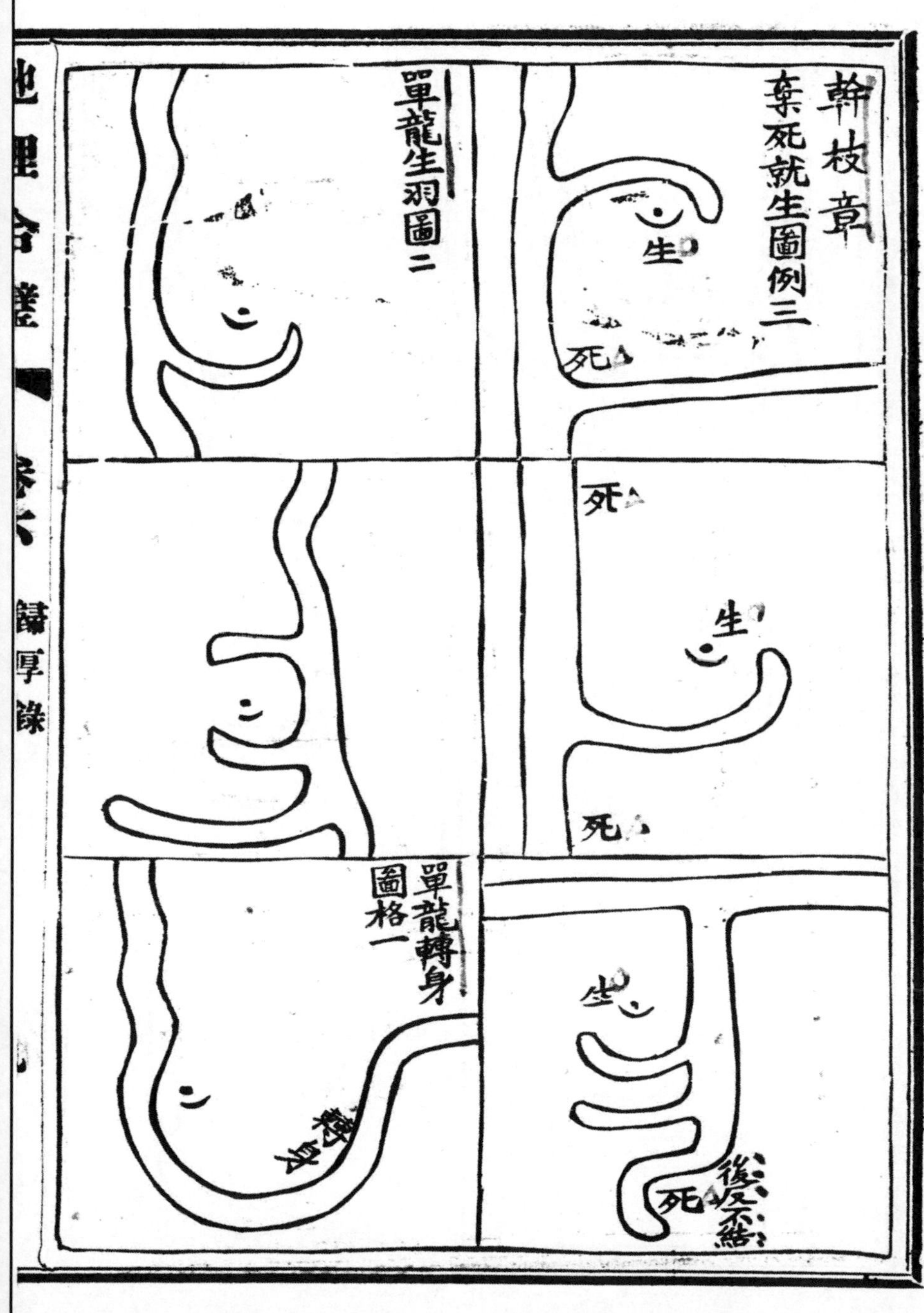
地理合璧 卷六 歸厚錄
幹枝章
棄死就生圖例三
生
死
單龍生羽圖二
死
生
死
單龍轉身圖格一
轉身
生
死
後反不結

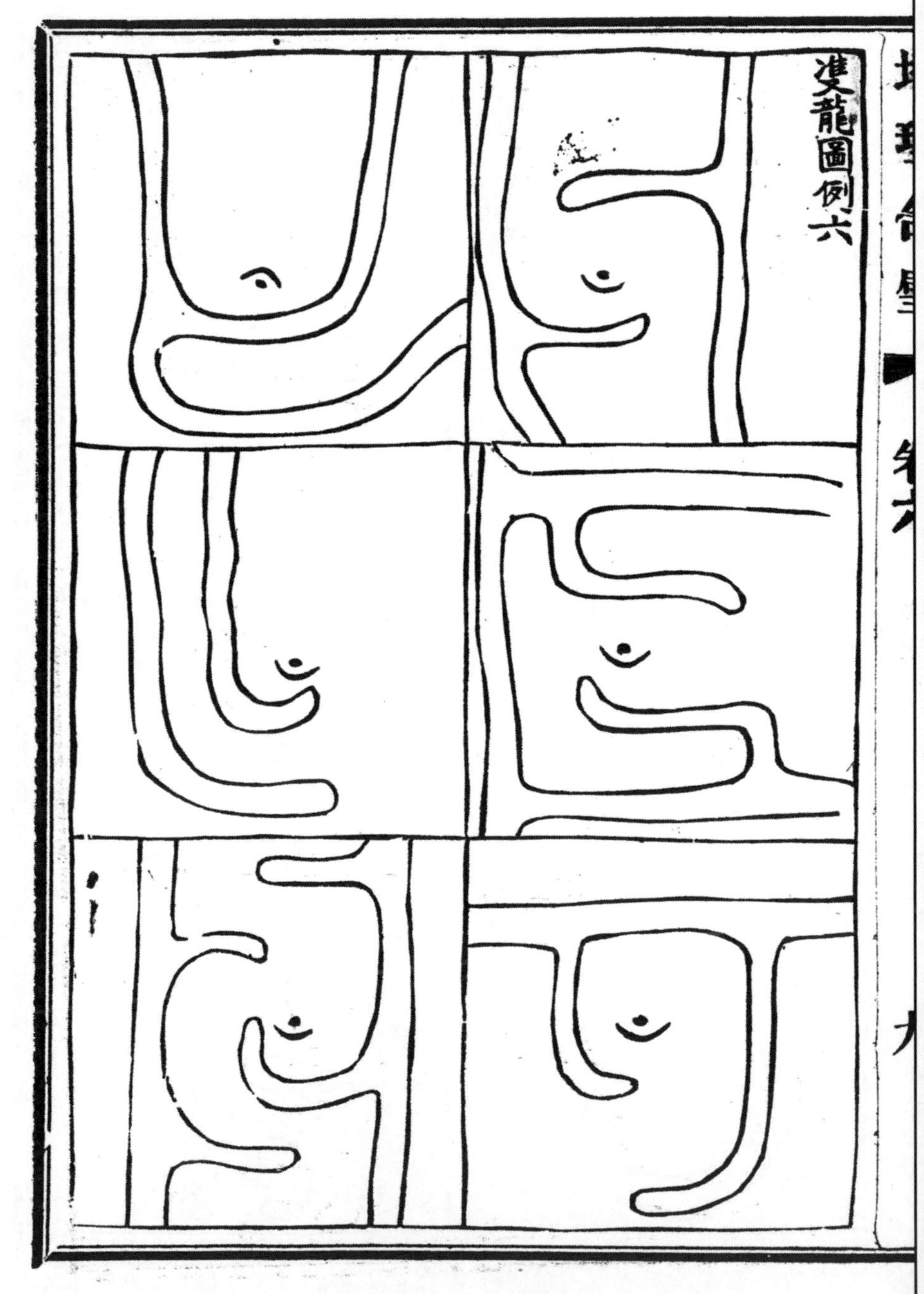
進龍圖例六

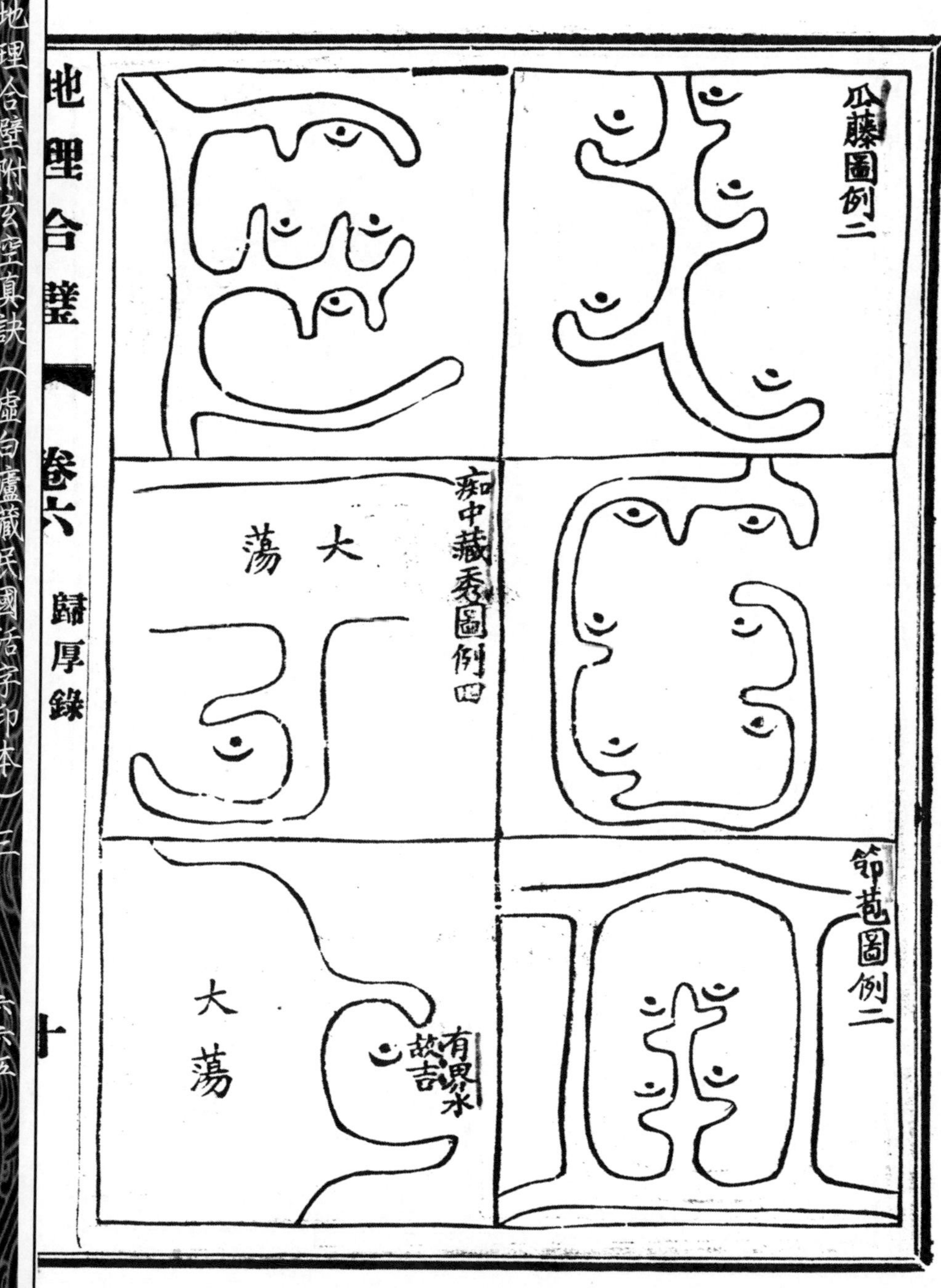
地理合璧 卷六 歸厚錄
十
瓜藤圖例二
痴中藏秀圖例四
大蕩
大蕩
有眾水故吉
節苞圖例二

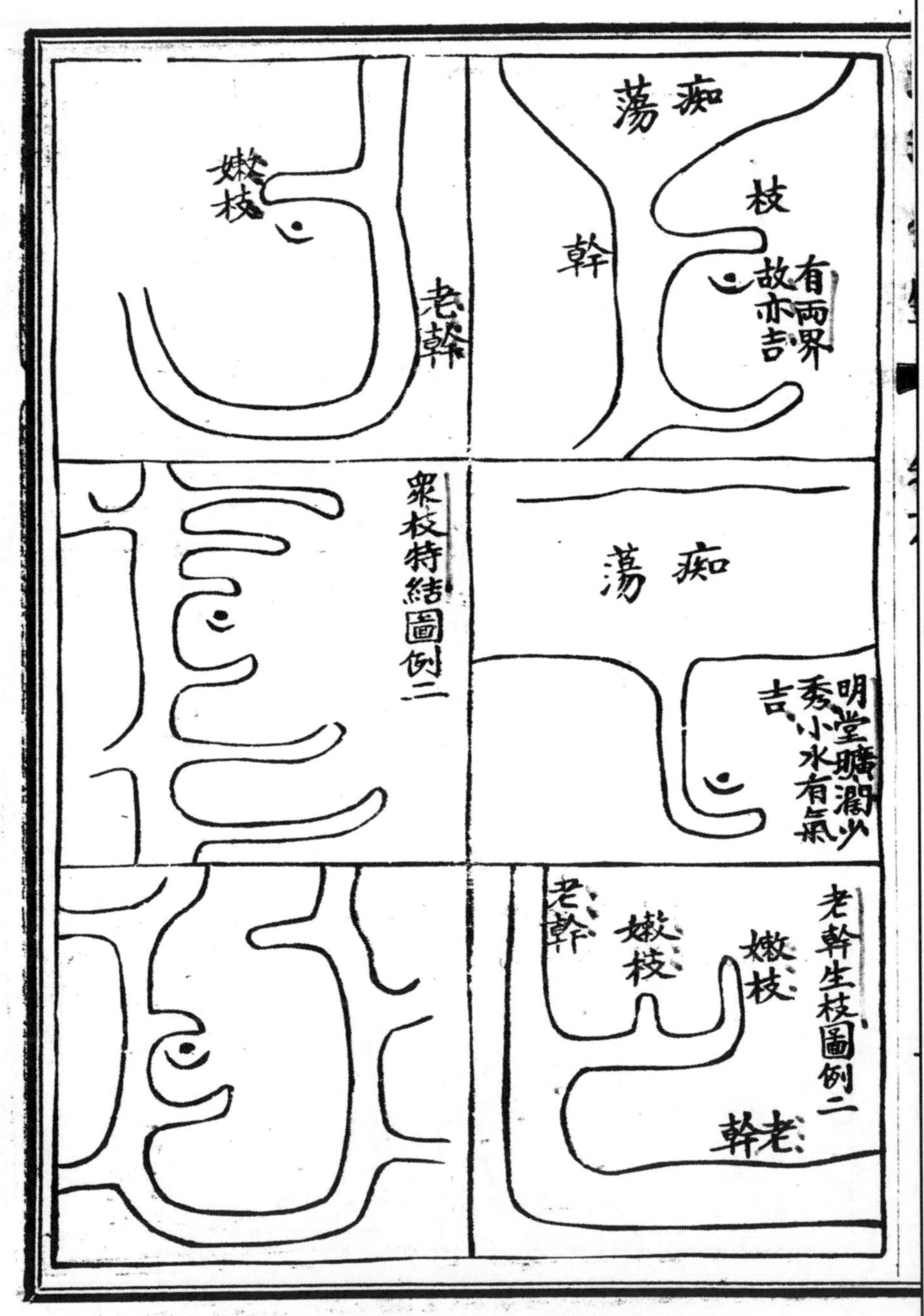

嫩枝
老幹
癡蕩
枝
幹
有兩界故亦吉
衆枝特結圖例二
癡蕩
明堂曠濶少秀小水有氣吉
老幹生枝圖例二
老幹
嫩枝
嫩枝
老幹

公私主客圖例一

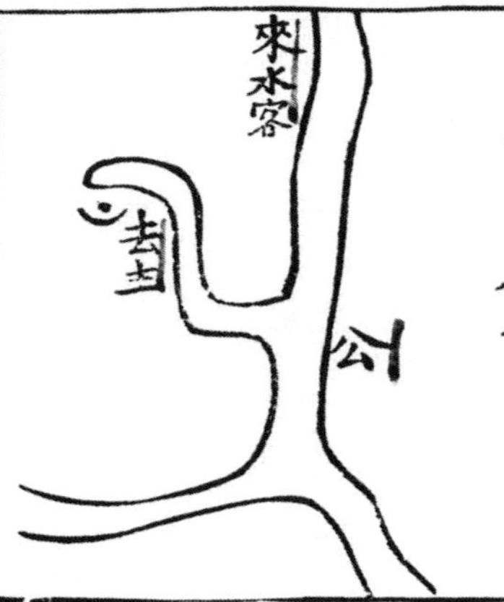

衆枝翼衛圖例一

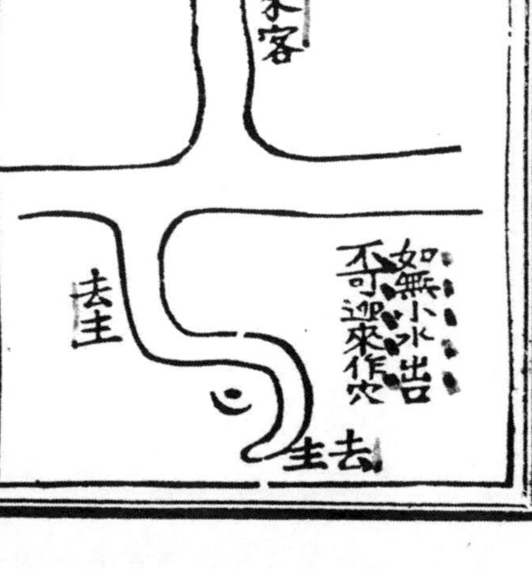

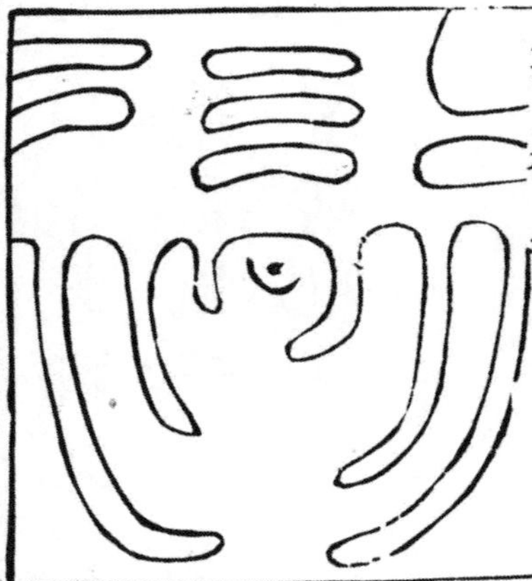

出水主穴圖例二

親疎賓主圖例此係坎離交媾二元兼兩元

大水南來居民北岸自然是坎氣獨有一家墓宅依小水反受離氣則離爲主蓋北來坎氣遇離水返回向北行我乘其回而受離氣一也雖以離爲主而終有大局坎氣故下元卽發而上元亦發又一本云作離局則南水大而有用故上下元俱吉

以上數圖。不過繪其大畧。至於動靜生死來情眞僞。乘氣淸濁。則千變萬化。全憑心眼。正不容刻舟求劍也。于蘭林

胎息章

龍以幹行穴以枝結結龍之水更辨胎息幹水有息幹氣已鍾枝水無息枝氣終窮何謂息道觀水轉環轉處不分元精內涵一轉一息一息成胎息多胎足磅礴雲雷若見分流內環外棹滋液滲泄物華中耗雖有轉形止名漏道息道氣聚交雄媾雌漏道氣泄鳳瘦鸞飢惑此二道龍穴安知

上章既分水龍枝幹此章申明枝水幹水各有結與不結不得概以枝水即是結氣也若有胎息雖

在幹水亦爲結氣若無胎息雖屬枝水亦爲不結息道者水之屈曲轉灣處也然轉處又須毫無分行滲漏乃爲眞息蓋水脉一轉則地氣一蓄若有二三四轉其地之眞氣蓄養純全胎元滿足葬下立發福澤悠久雲雷變化定產賢才矣若水雖曲轉而轉角之處別有分流如兩路三义則元氣泄矣謂之漏道豈有龍胎乎大都幹水行龍須有息道而後龍爲眞龍枝水結穴亦須有息道而後穴爲眞穴小幹有胎息亦可立穴不必皆枝也若無

息有二義

胎息并不名龍何况求穴世人但知曲水爲秀更以通流會合之處爲龍神蓄聚之鄉終不能知息漏二義滔滔天下無非盲瞽豈不哀哉

息有二義轉處不分止息也元精內涵生息也若夫胎則必大地而後形或于結穴處忽現半月忽特開小洋水必停聚清深土必凹凸光潤有此方成眞穴形止氣蓄三元不敗眞大地也故胎息二字爲水龍之宗旨後或明逗或暗挈意皆本此林蘭

辨象章

天有列星地有五行山星易曉水星難明尖圓方直
屈曲變更或獨或兼變化縱橫各有趨避金土成亨
不惟五曜亦有星垣五曜散陳得一則尊星垣合義
倚蓋拱門三垣帝座二十八藩有類之者秉憲乘軒
隨星所職以效靈源星垣下降化而爲物爲龍爲麟
鳥翔獸屈或象制器或象圭笏萬類千章辨之莫詘
垣主外勢星主內氣垣不得星垣形虛費星不得垣
星能自緯識星爲先莫貪垣貴

天垂象聖人則之一切朝常典法生民日用皆天象所具肖翹微動之物亦莫不然惟地承天地之所有天已懸之山形有天星水形亦有天星但人知山星不識水星且有專以地形名星所謂眠倒星辰豎起看者亦全未盡故指水星以覺群迷五行各有本形穴中惟取金土乃爲正結木須剪裁變化金土乃可立穴水星須穴外變出爲佳火星忌用止可外砂而五星亦有兼體隨形變化蓋兩儀之內惟有五行所以一事一物無不具備其象

人得一星之精華便可備五行之妙用矣天象五行爲緯二十八宿爲經而三垣者又其主宰也然垣宿亦不離五行水龍兼數星之體即成一垣宿之局蓋借外水蓋照拱抱即是垣局然垣中列宿亦不必具其全形或得其中一星貴秀已出群表其星所應即以天星所主驗之既上應星垣即下應萬物或動植飛潛或器物寶玉則官之崇卑職之文武惟義所應略備玉髓眞經與山同斷總之外有垣局不可無內星以立穴既有穴星即不合

垣局而元氣周固大發何疑故戒學者先須近察本星不可遠貪垣局亦與前章枝幹之論表裏相發明耳

中陽子云此篇圖局有水龍集二卷極詳可以發明學者宜兼玩之

乘龍章

脈就形成穴法當明乘龍之法弘農是程幹龍方行
轉多氣鍾法葬其腹與枝同踪最忌背脊反畔則凶
若水太巨雖腹蕩胸復求枝水輔幹奮庸母龍乳子
釀氣更濃枝龍息處氣盡于首木杪露華花梢出牡
方葬其耳圓葬其口最忌額角胡頷并咎枝盡強直
見首反醜求腹取裁情觀其受幹上小枝掌足之形
法葬半盡懸珠肘停忌葬其爪太過不寧亦忌葬脛
不及何靈詳求眞息三格始馨

晋引農太守
郭景純 樸
龍身
龍首
龍尾
龍腹背
龍掌足

上章既明胎息眞脉復詳星象眞形龍穴之道思過半矣然其間乘龍裁穴必有下手作用晋弘農太守郭景純先生遺法至今存也其法以水之行者爲龍身以枝水止者爲龍首以枝水出口處爲龍尾以枝幹曲轉之處爲龍腹背以小枝止處短淺者爲龍掌足皆因象取義不可拘執也幹水雖是行龍若有幾轉則眞氣藏蓄胎元已足就腹作穴與枝龍力量相等卽前章所謂幹水有息幹氣已鍾之說也若灣抱之外反突之處象龍背脊全

無包藏充實之義斷不可穴穴之敗絕然幹水下穴兩岸相拒止十丈左右乃可就腹取裁若太闊二三十丈之遠便名江湖止可爲引龍之地不堪爲結穴之區倘就腹下穴雖極環抱亦不能發所謂幹龍氣散難求穴也須別尋近幹枝水立穴藏風而以幹氣爲外抱則子母相從有乳養之義必生豪傑福力龐厚非小小富貴可比數也枝龍之所以取盡者以其枝長大到盡轉灣如木杪花梢得兩露之潤英華發越脉盡氣鍾其形方者兩旁

有耳皆可下穴從長酌取其形圓者圓處有口認定下穴若當浜底鋒頭正中是爲龍額水直氣衝（注方非其耳句）浜底鋒旁兩角是爲龍角其水偏射皆水火之交斷不可穴其圓水環抱之外形象胡頷其勢反背（注圓非其口句）如頷下逆鱗豈可攖之亦有枝水盡處其勢醜拙斜飛反攏不成星體者雖爲龍首須退出別求龍腹可受之處立穴又不可拘氣盡於首之句也更有幹上小枝水道短淺不成龍身止作行龍掌足而論其立穴又不可求太盡以水脉不遠兜氣不

深到盡處反無力也穴下半盡之處是爲中氣脉就兩平肘上懸珠亦是取象不可以辭害志其太近處爲爪曲突處爲脛太過不及皆不可穴也葬法雖有幹龍大枝小枝三格穴法不同然總以息道爲憑三格皆得其平矣再四叮嚀而要歸眞息

學者不可不察也

此言結穴之遠近偏正必依水法之形勢而定所謂外氣行形必求內氣之止生也　蘭林

坐向章

穴以御龍曰維三策據水在後騎龍之格倚水在傍
挾龍於脈親水面前攀龍之脉若逢四隅不離繩尺
依形化裁因勢蹈隙上格騎龍氣蔭腦宮中格挾龍
脇受非空攀龍湧泉久久眞通二法雖亞但貴氣融
氣融之穴與上齊功更有後蔭積久無祲我抉其微
妙義深沉氣周八國安取後蔭至道根荄造物所禁
人稟元陽藏神泥丸泥丸九宮天帝宅焉爲乾爲鼎
鍊骨成仙比及物化魂升于天元精未滅天靈復旋

若求蔭頂養魄得全骨朽復榮魄散再延子若悟之神超象先葬邱首邱葬流首流山脉接首與山比迺水脉接首與水比悠後蔭之法近遠是斷迴紫抱黃環轉效款息道後抱哉生月滿漏道後抱死魄流散三極一元眞胎是誕

上章言龍穴既定而坐向所以統御龍穴隨形立極亦有三焉坐後據水爲騎龍格兩傍倚水爲挾龍格穴前向水爲攀龍格若穴落四隅因勢立向近前者爲攀龍近左右者爲挾龍近後者爲騎龍

總不出此三格也。惟騎龍穴法後水正蔭腦宮為
最上上格。挾龍格水在兩傍氣從左右來。正當胸
脇。格法次之。攀龍格。水在穴前。氣入湧泉。其氣稍
緩。格法又次之。二格雖不及騎龍。只要胎息氣鍾。
與騎龍之格原相伯仲。若立穴處。倚水向水而外。
更有後抱。即與騎龍一體。不分軒輊。發福悠久。豈
有窮時。夫此穴後抱水一法。千古不傳。若論乾坤
元氣。周流八方。葬法隨方可取。何必獨取後蔭。蓋
因人身一小天地。元首象天。乃陽神所棲。泥丸九

宮諸天帝君所都之境丹家以首爲乾爲鼎九轉丹成陽神破頂而出即爲天仙人之死魂升于天亦從此出身雖已死而元精尚有毫髮未澌滅潛伏天靈之內一得天一眞陽水氣灌注蔭養天魂再生死者不死而子孫蒙其福澤矣若悟此道豈非返神起死功侔造化者乎蓋葬法未有不歸重於天靈者葬山則頂接山脈而後山氣斯爲吾有而與山比邇矣葬水則頂接水脈而後水氣斯爲吾有與水比悠矣未聞葬山者向山而穴則知葬

水而向水者皆謬也傍水穴氣自傍入是從胸脇透入天靈其情稍親其應稍速向水穴氣自湧泉入徐徐貫至天靈其情較疎其應較遲矣須有後抱外水兜收胎息之氣則其眞息之自傍而來自向而來者一遇後抱捲而逆上還歸胎宮所以與騎龍格一體而論也夫後蔭非穴後有水即名後蔭也須後抱者是眞息之水應哉生魄始能發也若後抱者是漏道之水雖其形勢似抱空抱而已應旁死魄腦氣泄盡如何可發耶是故息道在後

漏道在前名爲坐生朝死富貴之穴若息道在前漏道在後名爲坐死朝生總有結氣之穴小發而已不旋踵而衰落驗諸舊墓無不然者同一地也而坐向一差千里之謬然則向法可不慎哉

愚見坐向雖有三格總憑結穴之形勢而定該騎龍則騎龍該攀龍則攀龍非有優劣也若不論局面泛就三格而論當以向水爲正格何則平洋顛倒顛隨來水之脉以收地氣與葬山之法不同所謂子字出脉子字尋然葬山者接山後之來脈以乘氣葬水

者乘當面之水脉以收山其實一理也則向水攀龍與山比遒矣故曰水來當面是眞踪前面若無凶交破俱從向上立論也且葬山者何嘗不向水後接實地之陰脈卽前收低平之陽氣所以明堂欲其寛展舒平卽葬窩穴亦必三面實一面空未聞四面逼山者又何疑向水之爲下格乎

蘭林

定卦章

在昔神聖。天錫書圖。先天後天。表裏默符。立體致用。一元所孚。本無兩象。豈曰分途。八卦之方。九宮之次。辨色定數。分排其地。斗杓應之。元氣旋位。管握四時。充塞咸備。干則有十。支盈其二。二五居中。四維隅置。二十四道。各從其類。遡厥原初。實惟卦位。高山有絡。絡則分經。平地有氣。氣則空靈。憯憯庸術。干支逕庭。丙丁皆離。壬癸坎算。四正四維。全歸畔岸。正以干輔。維以支贊。陰陽截然。不相泮渙。何以乘之。關峽不設。

亦無起祖。亦無轉結。隨地成龍。隨地成穴。滴水先到。
眞氣昭列。水脈不離。骨親肉綴。既知辨局。更畏失胎。
失胎之處。一毫山顚。艮與震類。兌與乾猜。八卦皆溷。
言之可哀。分星定位。一謬百災。欲求珠貝。乃得塵灰。
此詳堂氣。挨加當裁。羅經一定。辨入纖埃。亦有兼宮。
星符諧好。一胎所育。兩嬰懷抱。此衰彼盛。容顏難老。
若氣兩來。三息四道。交媾噓吸。陽施陰造。是在格全。
傾欵勿保。辨清辨雜。卦中要寶。
此章言河圖洛書。雖有先後天體用之分。寔則一源而非二象地之用洛書九宮即先天河圖也八卦定位而九宮飛行所以象斗杓之旋轉此理充塞宇宙無物不具於洛書而地者其大象也方隅雖有二十四道其體不過八卦能統攝之故四正以干爲輔四維以支爲輔五帝三王分天下爲九州即是大九宮井田之制即是小九宮先王體國經野莫不如是後世浸失其法則以山龍混之反失大地之正蓋山龍有脈絡譬人之筋骨自頂至足一綫相連亂而有經故可分干支若平地則如

人之血肉觸處流通不可測其從何而來故不尋干支脈絡而但領八卦之氣陽卦則干支之陰者皆隨卦而陽陰卦則干支之陽者皆隨卦而陰不必更立干支名色以平坡之氣浩蕩無垠故也若其乘之之法又非以寔地連綿處爲來到關峽起伏俱不可論只以立穴處一滴相近者爲先到便是眞氣流露即便成局雖方圓一坪四圍皆水略無來龍而可分九氣如近南爲坎局近北爲離局近西南爲艮局近東北爲坤局之類居中作穴斯

爲五黃中宮局若三方水遠近適均亦作五黃論此定體也今論作者下手只取本元局氣旺者又觀內氣融結消息參大勢向背何者眞何者僞何者得全何者得半而後擇一局扦之非謂局局可下也假如外應堂局元運等類皆利此局而此局內氣未清不妨少加人力以清之斯爲裁成輔相之妙今之時師亦有能言局者往往錯悞病在下局不眞所謂失胎也失胎則一毫之差千里之謬矣蓋辨局要知堂局所謂堂局者非明堂之堂乃

論貼身所近之水不拘前後左右皆爲堂氣如水逼近申方認爲艮局是矣倘申宮兼庚則艮氣不清而犯震氣若在下元去盛就衰已不發福更收震宮衰氣不幾求福而得禍乎八宮皆如此辨不可不慎亦有兩宮氣到雜而不清猶然獲吉者則以星應皆兩宮所喜也如震局兼巽兌局兼乾有喜無忌焉得不吉更有一種奇地兩宮水到或三宮四宮齊到此爲羣精媾會胎息交通最爲和美三元不敗但須體格端麗純全有一毫傾側欹斜

或其收氣之水參差零雜卽非眞地反不如單局之力耑矣

此專以入首注受一節定卦分運也而大局尤重來情蘭林

申水兼庚則艮氣不淸而犯震氣若在下元卽爲就衰之水自是正論若照挨星之說則坤申庚三字皆陽水正是一路再得挨一吉星便爲吉上加吉又何就衰之有二說顯然矛盾此某于挨星之說不甚深信俟有識者考之蘭林

定卦章圖例

四正離局 俱傍北水立穴

離
癸子壬

離
癸子壬

離
坎

四隅離局 俱弔北水立穴

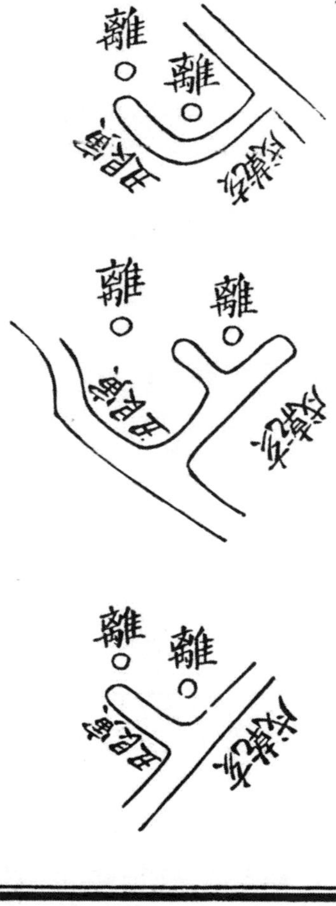

離
離
丑艮寅
亥乾戌

離
離
丑艮寅
亥乾戌

離
離
丑艮寅
亥乾戌

四正坎局

俱傍南水立穴

丙午丁
坎

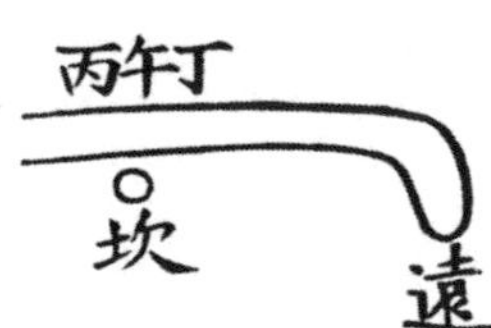

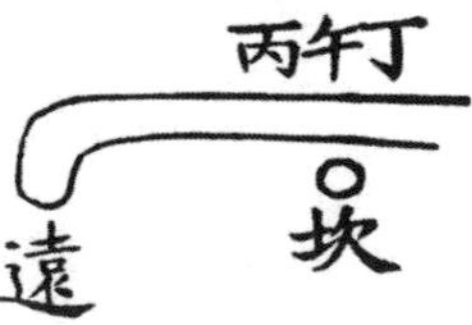

四隅坎局

俱弔南角立穴

四正震局 俱傍西水立穴

丙午丁

庚酉辛

震

四隅震局 俱吊西角立穴

坤申未

戌乾亥

震

歸厚錄

四正兌局 俱傍東水立穴

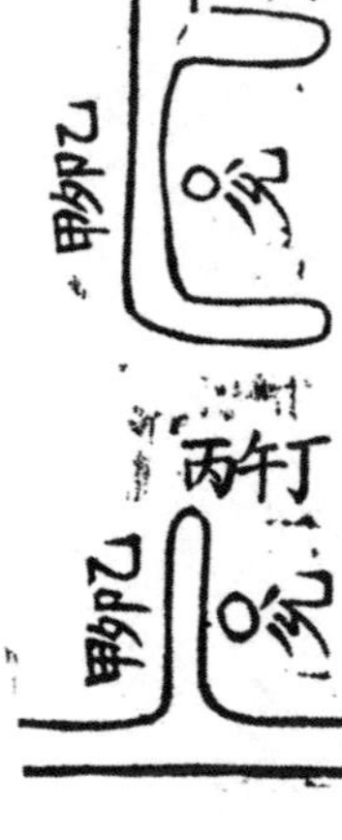

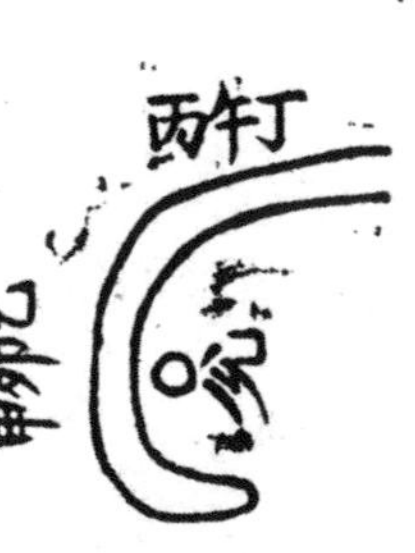

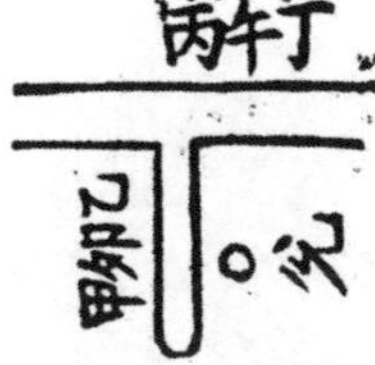

四隅兌局 俱弔東角立穴

正坤局 弔東北角立穴

變坤局 傍東北水立穴

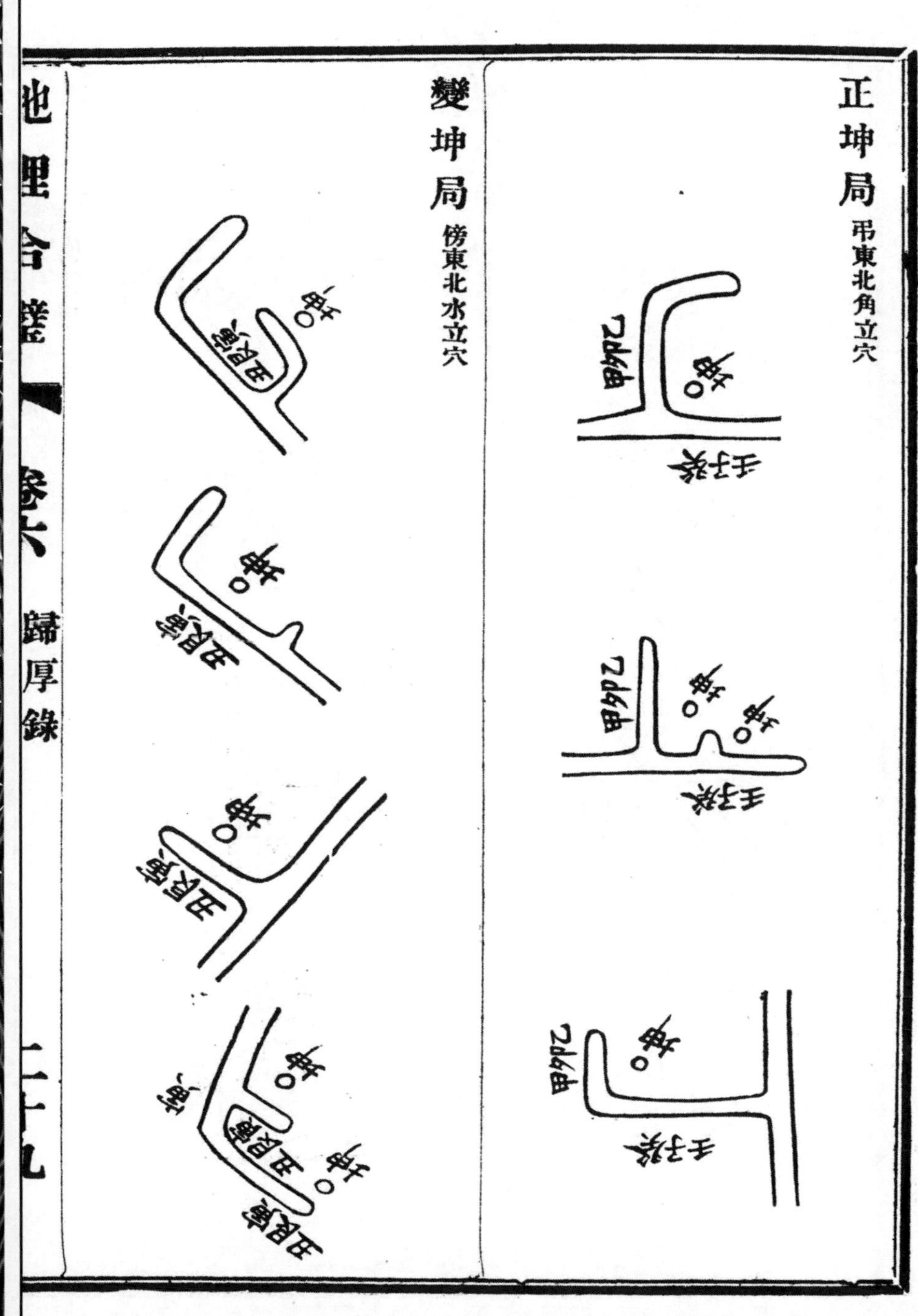

正艮局 吊西南立穴

丙午丁
庚酉辛
艮

丙午丁
庚酉辛
艮
艮

丙午丁
庚酉辛
艮

丙午丁
庚酉辛
艮

變艮局 俱傍西南水立穴

未坤申
艮

未坤申
艮

未坤申
艮

辰巽巳
艮

正乾局

俱弔東南角立穴

乾局變例

俱旁東南水立穴

正巽局 俱邢酉北角立穴

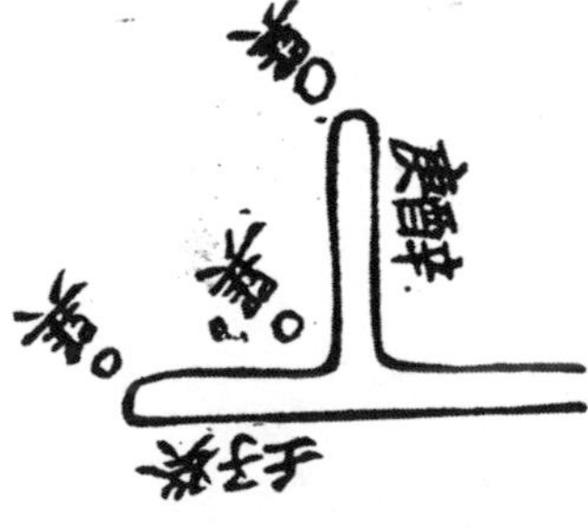

巽局變例 俱傍酉北水立穴

疑局圖例

凡寅申巳亥與甲庚丙壬相似辰戌丑未堂局與乙辛丁癸相似須細辨之凡一地可立幾局者須擇砂水之吉者用之

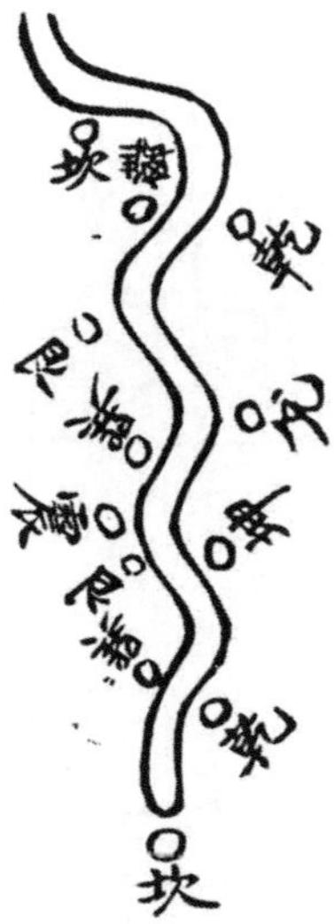

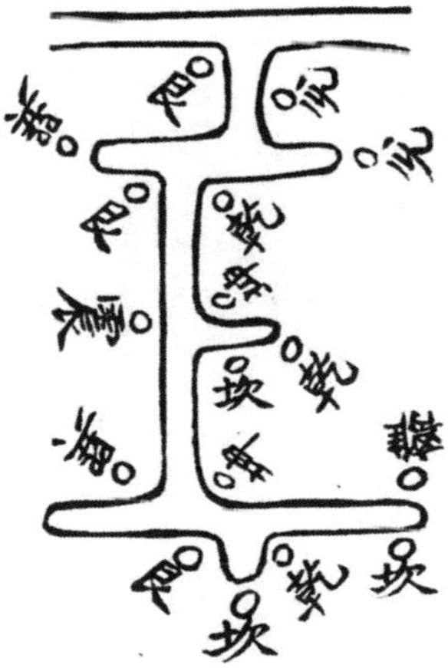

以下俱舉一二以例其餘

雜局圖例

凡雜局須用兩局皆吉之向水

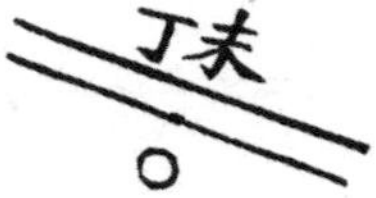

坎艮雜

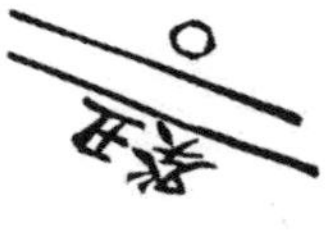

離坤雜

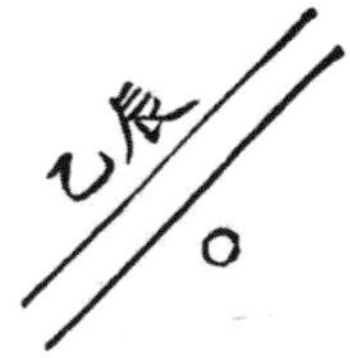

乾兌雜

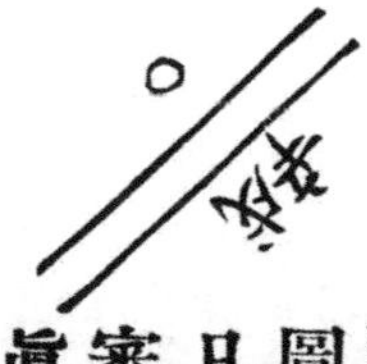

震巽雜

凡雜局卽出卦圖此以為戒非圖此以為式。凡見此等水須審其出派來情眞就一卦以分棄取最宜愼之

蘭林氏

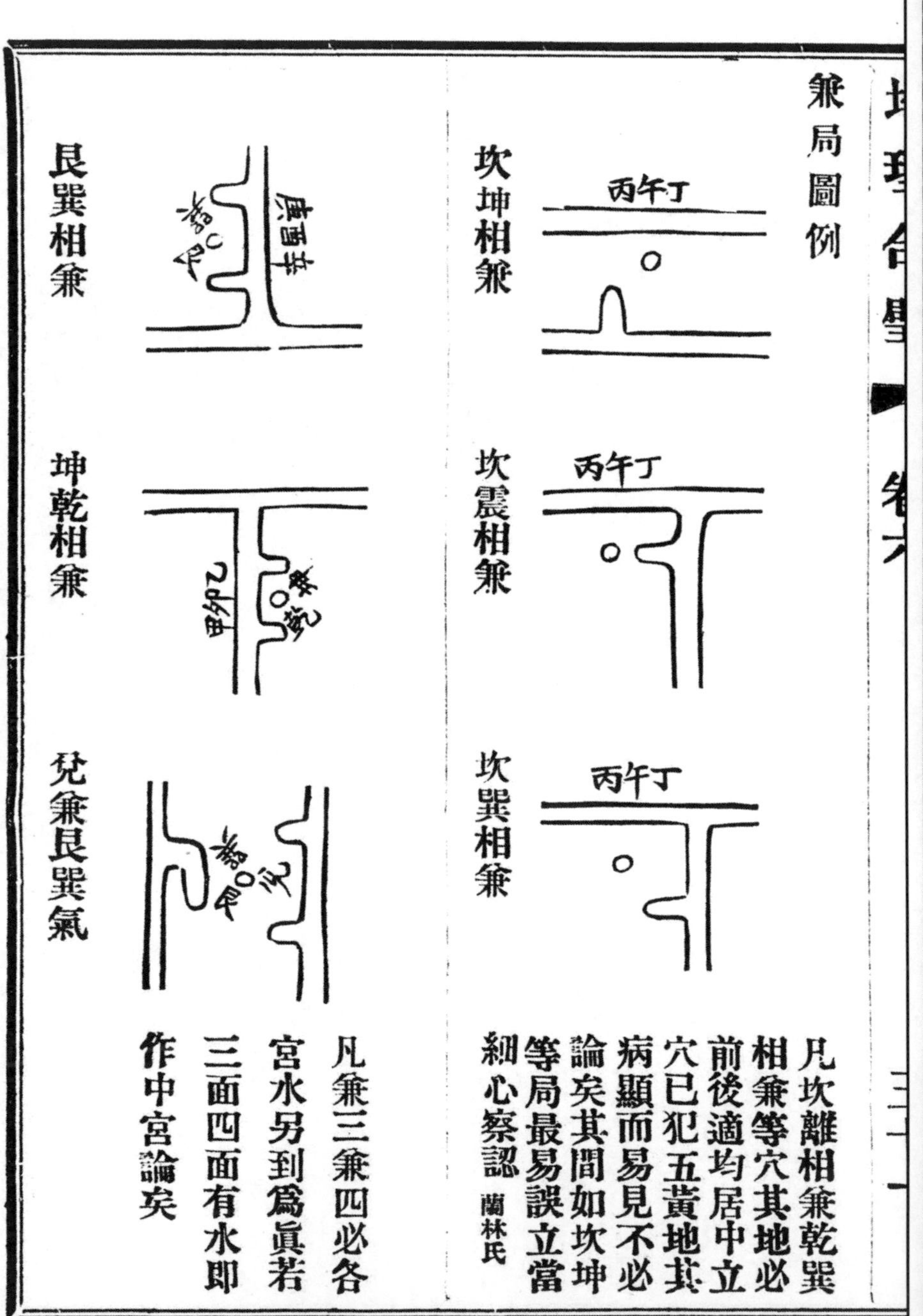

兼局圖例

坎坤相兼

坎震相兼

坎巽相兼

凡坎離相兼乾巽相兼等穴其地必前後適均居中立穴已犯五黃地其病顯而易見不必論矣其間如坎坤等局最易誤立當細心察認 蘭林氏

艮巽相兼

坤乾相兼

兌兼艮巽氣

凡兼三兼四必各宮水另到爲眞若三面四面有水即作中宮論矣

乾坤艮巽兼收局

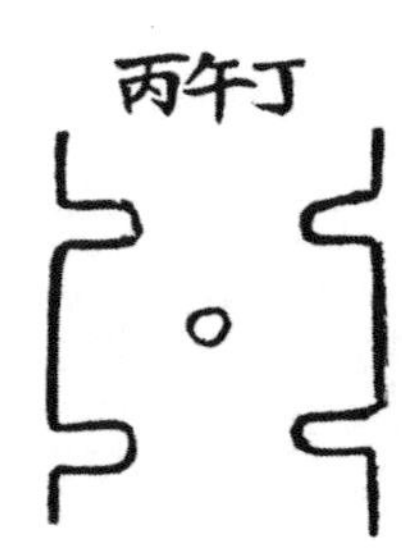

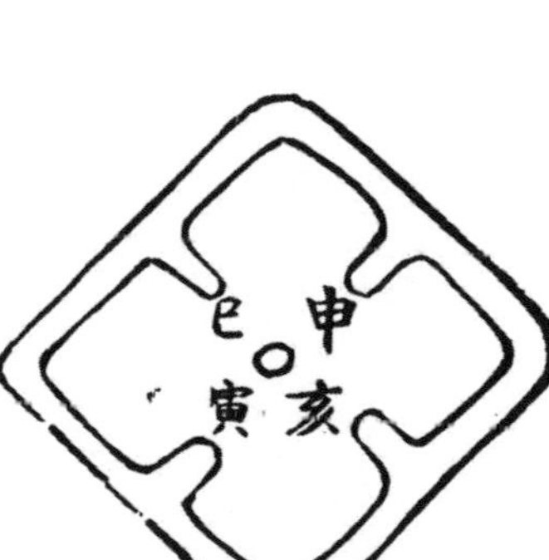

此亦乾坤艮巽兼局內冲而外遶較前局爲美

凡地不拘方圓其四面水遶者可立八穴隨方變局以收吉方砂水爲主

坎離震兌兼局

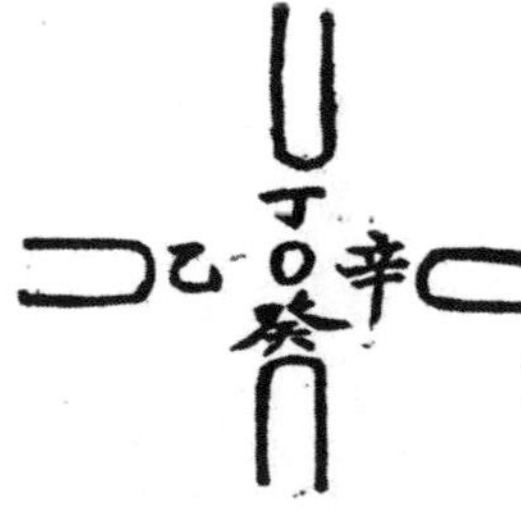

此亦坎離震兌兼收局但水氣四冲不吉

以上四圖不過論兼收之形象非眞五黃立局居中可結穴也學者當神而明之不可泥煞爲妙　闌林氏

當時八卦九星挨加之秘得之無極子而以天柱吳先生爲証先生謂近水立局故前圖尙本此法試之良久有驗有不驗湏當詳細不可以此臨水定局按圖爲據也歸厚一書數經改正外所流傳不僞而僞者也原註

兩水夾趨東南則亥氣淸矣然屬乾局宜立陽向今立巳向巳水直流出煞此文曲流盡化貪狼故貴

亥龍屬乾如無巳水長流則右邊掘一小漊轉乾局爲艮局立巽向大利

兌局卯向是矣倘人元局水口不得不立乙向豈人元局俱損長房乎　蘭林

兌局宜扞卯向誤扞乙向難爲長房法宜于乙上掘一小漊出丙水煞則破軍化武曲轉凶爲吉

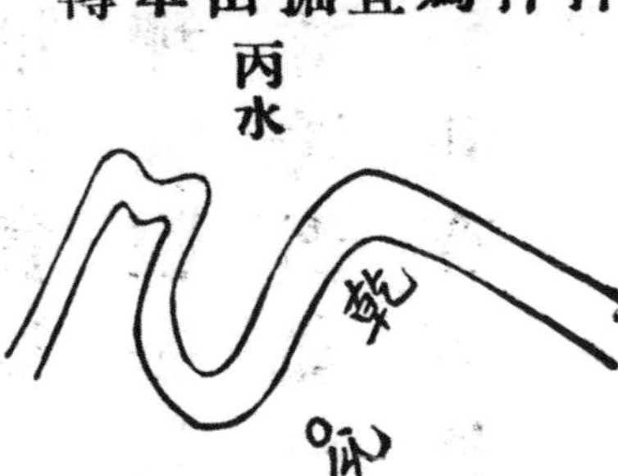

小長地原可作乾局卯水通流可也因丙上有水現白作不得乾局乃迎卯水作兌局則卯是武曲丙爲巨門滿局皆吉

平洋卯向貪在乾則巨在兌武在巽矣惟山法乾山貪在巽丙爲巨但卯上又是弼星矣君云化武變巨則吾不知　蘭林氏

此四圖雖亦隨局立向、惟化貪狼、變武曲、終非採本之言。恐是後人妄添、理宜删去、以歸一律、但不錄此四圖、反使從八宮立論者、藉口天父地母之訣、以爲不識挨星之秘、故仍存四圖、明辨其非、使閱是圖者得以考焉、蘭林

挨星之說、起自楊公、其挨吉挨凶、與乘運衰旺、五行分屬、不無異同、管見以爲不必從方位上立論、仍從斗杓所指、衆煞潛藏之說、以爲選擇家之要旨。斯爲正宗。其說已詳辨第七卷挨星訣後、

夫八卦九宮既審運以定其局點穴有準矣而所乘之脈所收之砂水尙恐陰陽差錯雜而不純則終未能收山出煞也于是分一卦三山以淸其氣脉其權全在收山立向左右挨加山龍重山水龍重向順陰陽之性情得來去之的脈所謂看雌雄察血脈者在是所謂關天關地陰陽相見者在是一切所謂龍骨眞過峽眞元竅之通者無不在是人功之足以奪造化參位育亦在是矣蓋定卦審運雖在人之審察終屬一定之地局惟左右挨加

全憑人力以參贊之其所以參贊者分三卦以立向有三卦之向口然後清三卦之砂水雖因三卦之砂水定向口至何水吉何水凶終因向口定九星之砂水非其中另有一砂一水另起九星也即從九星挨排之說而論所謂貪巨武九星順逆挨加全憑山向以順逆之挨加之而有定名使得元之砂水旺中疊旺即不得元之砂水有吉星以挨之不至敗絕且一交旺運更爲得力裁成輔相使四面砂水能吉上加吉亦可先時補救此挨星之

旨也若如俗術所謂破軍化武曲又文曲流盡變貪狼從向上另變乎抑從水上局上另變乎若從水上局上變化則山向上挨一九星砂水并局上另挨一九星無怪乎術家一坎一屋有四五個貪狼也潘陽范公以定卦章諸圖爲失陰陽之正道存之害世誠哉是言但前八宮正變數圖臨水定局亦初學之津梁原未及講挨星之旨因後巳向四圖雜用九星入講恐爲後人妄添故抉其源以辨之庶使閱者不惑於他歧并仍存差誤四圖以

知化貪變武之說之非至挨星之說另附第三卷

挨星訣後　蘭林氏辨

審運章

日有中昃、月有虧盈、地有衰旺、家有變更、天道之常、物無遁情、朝而鼎食、暮而藜羹、其運維何、九宮之次、上元一統。黑碧佐治。中元四統。五六共事。下元七統。八九迭熾、元中正運。元外蔭庇。餘氣既竭、王公休寘、地力敦龐、星曜全強。康衢奮步、險道可航、水力偏薄、氣脉譸張、福來不全。禍來猖狂、一衰一旺。休咎相代。兩衰一旺。旺不能載。兩旺一衰。衰亦何礙。下士失時。河清難再、上士乘時、積眚可退、移易陰陽、更張勿昧、

再察星方以防其悖

此章言天道無百全之數、故有陽（一作陰）九百六之災、雖至美之地、不能有旺無衰、禍福倚伏、有不得而逃者、人但見其止此一坟、止此一宅、而前後之不相蒙如此、反以地理爲不足信、豈知衰旺全係乎三元之運、墓宅不更、而廢興頓異、惟知者爲能先覺耳、元運者、上元甲子、以一白坎爲統龍、二黑坤三碧震輔之、共主六十年、坎先管二十年、甲申入坤、甲辰入震、各管二十年、雖有吉凶先後輕重之不同、而同在一元之中、則皆乘旺氣、中元甲子、四綠巽爲統龍、五黃中宮六白乾輔之、下元甲子、七赤兌爲統龍、八白艮九紫離輔之、其旺治如前、歷驗已往之局、則上元三龍、在中元未嘗不發、蓋中元固上元餘氣也、天啟甲子以前、公卿驟發及素封驟富者、皆四五六之地、一交下元、天啟甲子以後、巽【地】忽然敗絕、而兌地皆發、甲申乙酉之難、凡被禍者、必四五六之地、則知下元甲子二十年、尚屬中元餘氣、至甲申始剗盡耳、今之趨時得志及白首保全者必兌艮離也坎至此時兼艮者存兼乾者亡坤盡亡矣震地陰宅存十之一二陽基則盡更矣夫同爲已退之運其參差不齊者何哉蓋聞之我師云坎離爲天地之中氣中男中女即先天之乾坤中藏戊己眞土故三元不敗者多震木以壯而根深兌金以少而堅剛且日月之門戶春秋之平候故亞於坎離艮之象爲山山不可移其質堅矣故其久亦比震兌而乾爲老亢之金坤爲既產之土五黃廉貞之火依物而炎故皆不久巽爲

稚木奇花爛熳不耐風雨尤爲易衰大約上元之龍並旺中元中元之龍亦預旺上元下元之龍嘗有餘力旺于上元此定運也然龍運雖定而尤當以地力消詳之若水脈深長環抱重疊則爲得氣多雖入敗運止于不發尚可自保若水脈短淺而環抱少則得氣薄雖入旺運發亦不全況脫運乎且齊民一坟一宅則無牽制巨室坟宅不一又當參觀若有兩地一衰一旺兩相抵當則享平福又當審其力之大小以决勝負一旺不敵兩衰則衰

能爲害、一衰不敵二旺、則旺能爲福、嘗見今人處衰宅而發者、必有旺墓、亦有葬衰坟而發者、必有旺宅、或有遠祖坟正得氣、故新坟之禍未彰、新扦美而不發、必舊坟之凶煞難救、要之上吉始能雪小凶、而祖禰更切于高曾、作者求失元之大地、不如得及時之小地、人壽幾何、待其去衰入旺、身與家久同斃矣、故幕講師嘗教人開塞、以就本元之運、眞良工苦心乎、但須斟酌來情方位眞僞而後從事、否則修之無益、切勿妄動、徒增其禍也、地學作用、全憑乘運、蓋茫茫大地、何處不生草木、何處不有生氣、而其中或盛或衰、皆陰陽消長循環之理爲之也、故寒來則暑往、機無一息之停、夏葛而冬裘、用有因時之利、雖有短長餘氣之不同、而同歸于得運失運、若地學而不宗分卦乘運、譬猶舍舟楫而入江湖、其何所操持哉、故此章爲地理中之第一要旨、蘭林

來情篇

卦運眞機、問厥來情、來情支幹、以類分形、幹水來去世目易明、支水有止、來去難名、支之入口、吐納滋生。執此言來。其來始清。穴若乘之、脈氣斯精、若指爲去、倒置非程、幹水來離。坎龍斯出。幹水來震、兌脉不失。八卦之門、各歸本室、支之來位。依此爲率。曲折得宜、斜直不一、度其修短、溯其始卒、一氣兼氣。因方定質。分元辨位、應驗可述、幹水去地。亦有還氣。還氣注蔭、與來不異、支水中停、其還旋至、候止候還、來去審記、

入妙通微始全卦義

前二篇言定卦審運、地氣衰旺廢興之道、幾乎盡矣、不知運之尅應、在乎卦眞、而卦之眞僞在乎來情、來情者、水之來去也、水之來去即地氣之來去、故卦運非此不眞、而論氣脉者所首重也、立穴所乘之局氣、不敵水路所乘之來氣、善于乘氣者知來去之精微、則局氣又不足言矣、幹水有幹水之去來、支水有支水之去來、幹水之去來易知、而支水之去來難知、今人但知水流來之方爲來、水流去之方爲去以此概論支幹則謬矣流來爲來流去爲去通行幹水則然若夫浜溇停止不通之支水則反以止處望出口爲來出處望止處爲去（此句不的）蓋水之行脉與山無二山以幹之落處爲來以支之盡處爲止惟水亦然自江湖溪蕩流入小支則流入之口爲來而水之盡處爲止矣故支水葬于盡處世人以爲源頭水尾有出無入有去無來之地而不知乃有入無出有來無去眞氣止息之地所以發福最易而歷年亦久也凡水路來自坎方即

爲離龍水路來自離方即爲坎龍八卦皆然又須循其曲折離上有一曲折即是一節坎龍離上有二曲折即是二節坎龍也視其斜直者若是離方來直至坎方止則爲眞坎氣若是離方直來又斜過左邊向艮方止即爲坎龍發足轉艮水坤龍入首矣斜過右邊向乾方止即爲坎龍發足轉乾水巽龍入首矣度其脩短者離路水長坤路水短即爲坎氣長艮氣短矣若離路水短坤路水長又爲坎氣短艮氣長矣溯其始卒者有從坤方入口又

行至巽方一轉而後結穴則爲外艮內乾矣有從坤方入口行至巽方一轉又行至艮方一轉而後結穴則爲內坤外乾艮矣如此變局是不一端故地有一氣者有兼二氣者有兼三四氣者以其水行方位定龍之質幹以此分上中下三元辨長中少三位應時取效永無差忒幹水結氣立穴之後必有去水此去水流處亦有還氣如水從巽方來又從坤方去向南立穴則爲左乾右艮矣如水從巽方來又從乾方去向巽立穴則爲前乾後巽矣

水從巽方來又從兌方去向南立穴亦爲左乾右震矣一元位上去來一元大發兩元位上去來兩元衰旺分應歷歷不爽枝水如不葬盡處葬于中間則到底一節亦同去水亦作還氣論如坤水曲折而來至艮方止而就中停上立穴作爲巽向是左坤右艮之局矣蓋穴迎來水爲氣之止穴迎去水爲氣之還審其來即知氣止審其去即知氣還此章論水論止之法必須精詳變化入渺通微而後八卦之義毫厘辨晰無有不全而三元運氣與

衰亦絲髮皆照也

此章言辨脉眞全在水之來去淸則卦氣眞而運始準但幹水之來去與支水之來去又不同小浜出口之處爲來于理確當惟以浜底盡處爲去水則不可夫浜底有何去處愚見莫若以浜底作水之止處尤覺妥貼　蘭林

注受章

乘氣之理實水注受親水於離坎脈斯有親水於兌震氣入口以及八宮宮可剖土雌水雄相爲牝牡亦有變氣以疎奪親浮光露影地氣轉輪親水在乾疎水坤循內氣轉巽外氣艮遵八宮化現二耦三鄰但有水現氣即交陳兩歧連枝駢拇雙娠若拈一局失命葬身大小輕重又別主賓親者宮神疎者照神照神有二目接斯眞滿照瀦匯動照通津照本賓位宮乃主人主勢剛健驕客伏馴賓勢盛大主權不申

主賓交勁此謝彼新詳觀近遠以時屈伸乘氣之法
此論當珍

夫八宮立局所以乘氣而取氣之法以貼水接脈水氣注受則雌雄交媾而成穴也貼離水爲坎氣貼兌水爲震脈八宮以例推之此定局也亦有變氣爲局者局外時出疎遠之水浮光露影奪其局中之氣如貼乾水立局本是巽氣而坤宮有水現則爲內巽外艮凡八宮立一局者有他局水現皆能奪本宮之氣二水三水無不皆然若止執近穴

一局而論如兌氣而變乾中元必衰巽水而變兌下元必敗求生得死求盛反衰未有不失身喪命者今人但知爲合元之地豈知有失元之氣以奪之哉然又當權其大小輕重以斷主賓相勝之數蓋親水內局是爲宮神疎水外局是爲照神照神亦有二等通流曲折者爲動照蕩漾積瀦者爲滿照二照力均總以目所覩見者爲眞望之不見其力微矣夫宮神爲主照神爲賓本是定位然須宮神水道深闊更是重重息道氣聚之局而後主勢

剛健、外來照神之水、終是浮氣、不能奪之、故當主局元中不被其害、若照神之氣過于宮神、宮神氣又微薄、弱主不能制強賓、在得元之照神固爲輔主運、若遇失元之照神、則降禍更甚于降福矣、亦有宮照二神、賓主齊勁、則一局萎謝、一局更新、反成三元不敗之地、但須參其尺度之遠近、以決發福之後先、大約地氣之應、自近者始、宜於本元水近、他元水遠、然後葬下、自近及遠、以漸蔭發、斯爲順理、若本元之水遠、而他元之水反近、則初葬之

時雖有照神控制、終嫌本局不得旺氣、難求速效矣、囑立局者愼勿汶汶於此、致失趨避之巧也、

此章言宮照二水、相需爲用、不易之理、假如坎水宮神則受離氣、全憑巽水照神以夾清離氣、此所以一六共宗、必須四九爲友、後天之用、正以重先天之體也、然尤必分別親疏遠近以爲的、蘭林

巨浸章

茫洋巨浸四顧淆紊雖曰癡龍佳氣亦醞湖蕩沼池
爲子覆訓縱不生枝龍神畜隱迴其根苗寔從元運
裁穴之法眞機要知若穴沼池方矩圓規氣乘其横
中正等夷大湖大蕩中氣推移測生測死目巧是期
變化之妙義同幹枝衆水浩浩一隅可吸衆水奔趨
一隅曲入一吸一入衆氣皆集水聚砂囘全湖可挹
不散不漫眞氣已蟄乘元蔭後釀福飈急此是眞息
與枝相及若無眞息穴坐其圜倚借外勢望之淵淵

形與衆殊、彼娥我妍、日與月長、福必待年、三吳江楚、大澤連綿、世家墓宅、亦產英賢、驪黃之外、用綴斯編、

水龍之分枝幹固矣、亦有湖蕩池沼之穴、在枝幹之外、別爲一種、又不可以息漏二道論胎元、亦豈容專以痴龍目之、斷其不秀耶、此等之地、雖不生枝、亦蓄眞氣、只要元運合時、亦發科第、但立穴之法、自有眞機、不得從散漫處隨地下穴耳、池沼與湖蕩、又是兩等、不同一法、池沼顯而易下、湖蕩隱而難扞、池沼只要方圓成象、平正不欹、便可取裁、

但宜於橫處受穴、不可從直處立局、如一方池橫處看則爲土象、直處看則爲木象矣、圓池亦須微微橫闊、乃爲金星開口、太圓則四周無受穴處、反爲頑金、從何處下手、凡沼池立穴、須在水之中氣左右相等、平正端嚴、而後氣脈涵蓄、若立局偏斜、或邊輕邊重、穴中即無眞氣、不能發矣、大湖大蕩、葬法尤宜精密、蓋其勢散漫、難立正中。尤難聚氣、須棄死就生、亦從枝幹之理變化而來、但與江湖溪澗之枝幹形象迥別耳、假如外蕩闊大、而有一隅內蓄小蕩與喩水入口相似、又如外蕩直奔而有一隅稍稍曲入、其間卽有砂角關攔、外來衆水、卽於此駐足、是卽大蕩爲幹、小蕩爲枝、大蕩爲漏道、曲入處爲息道、是卽龍胎、卽能聚氣、若果乘元運、又有後蔭葬下立發、豈必以湖蕩爲緩局也、又有一種之地、既無內蓄小蕩、亦無曲水入口、而坐於土圩圓處、形如滿月、亦是吉象、更藉外砂翼衞、望其大蕩之水、對穴淵渟、雖屬通流、而因有外砂、便不見其消散、且其立穴之所、端嚴秀麗、與他處不同移步換形便分妍醜則衆穴皆賤一穴獨貴理所必然以其氣脈不聚難以速效須日積月累穴中久久氣足而後始應三吳江楚此等地局發者甚多下此等穴須于牝牡驪黃之外另有一種巧法故特發明此篇使學者深知妙用不概以痴龍目之耳

此章言痴龍之地以備一格池沼顯而易見若大湖大蕩必得內水澄聚或一水曲入再必得乘元旺令始可其寔十不得一非遇湖蕩盡有地也至

穴坐其圖末一段尤微茫影約備一說可也況此等地必有內水兜抱若無內水僅坐其圖吾聞其語矣未見其地也于蘭林

星符章

先天九氣化爲元皇端拱紫微以執天綱尊星帝座與七同行化成輔弼隱伏斗罡北極至陰寔稟至陽坎中一氣先天乾藏主司六合旋轉無疆八卦之母列宿之王斟酌元氣化育萬方地之噓吸內發黃泉地之方位上合蒼天虛位辰次水位星躔斗精所化原委畢宣運此九曜以扶九宮是大五行名曰元空父母交歡子女繼宗行行相比位位相從顛倒錯亂不同而同地之九宮即天九曜紫白分輝餘色映照

二卦迭推潛符默調消納從天厥有爻道向息從地如母之保天道主施地道主受三吉爲純輔弼無咎但宜于前不宜于後若雜四凶大地亦醜關路欲清法當詳剖亦有隱曜天外浮空隱之畢寂照之畢收更有轉曜其變難求宜嗔而喜宜樂而憂向空向寔內流外流流不必盡其流弗休平洋挨星向水起例與山不同旋轉利濟惟此五行立命司契諸家妄作爲階之厲

此章耑言天地氣化一皆九星所主治一曰天皇

大帝即尊星二曰紫微大帝即帝星三曰北斗第一貪狼星四曰北斗第二巨門星五曰北斗第三祿存星六曰北斗第四文曲星七曰北斗第五廉貞星八曰北斗第六武曲星九曰北斗第七破軍星而尊帝二星又化爲輔弼（何以見得）在破軍之傍隱而不見皆高居紫微垣內以主宰天地紫微垣者北辰天樞在天壬癸之方極北至陰而寔一陽所自生坎中藏乾爻有此一陽而後群陰羣陽無不普徧故能維繫天地旋轉造化斗杓所指四時之氣隨

之而轉以此九星之氣下施於地化育萬物人之生命壽夭窮通莫不係焉地氣雖發黃泉寔與天之方位合一地之虛位卽寥廓無星之處爲天之次舍所謂辰也地之水道自天津析木而來卽天星所躔辰與星皆本于九星所以地之吉凶從九星而斷然卦止有八而星有九則以地中藏戊己眞土故楊公以五黃配廉貞輔弼分爲二宮以配八卦隨山隨向旋轉陰陽以收山水以北斗七星配八卦配九星本屬數目不對彼以天父地母配合者固屬不經卽以廉貞配五黃分輔弼配九宮亦無明証不

的確、愚以爲北斗至尊、運于中央、則本居中宮、而以斗杓所指、旋轉八方、立說則人人所曉、何等明亮、不必勉強分屬爲妥、可見八卦即九星之象、九星即八卦之精、按此下別本尚有在地一白水、在天則爲貪狼木、二黑土在天則巨門土等一段、以其于五行同宮異屬、不足爲法、故不錄、而其中金木水火土、並無定名、全憑斗中九星、旋轉樞機、總屬先天之一氣、故曰元空大卦五行、至卦以乾坤爲父母、以六卦爲子、二十四路、又以八卦爲父母、以支干爲子、三路歸於一卦、二十四路分爲八卦、佈列九宮、各宮各有一曜、坐守一宮、隨元用事、如一白主元、以九紫照之故日紫白交輝而餘曜宜隱不宜現每一元中總以一卦爲主而以一卦配之與元迭推方合消納之法消納者以水爲主水得天一眞陽之氣與地交媾故有父道地得第二眞陰之氣與天交媾故有母道父施母受惟以能收三吉之水則地無不吉所謂五吉者兼輔弼而言已詳於寶照第五章註矣三吉喜在卦前忌在卦後以地宜朝三吉水也不可雜於四凶者卽失元四卦此乃卦中上下之四凶並非破祿廉文也可見九星在九宮當令無不吉不必挨可也

故凶星一雜、凶禍立至、然吉路又要極吉、若吉凶並至、則吉凶相應駁雜矣、影曜者、外堂之水、遠在數里之外、若不照穴、則隱而不見、禍福未驗、若一照穴、則禍福立應、更甚內堂之水、蓋水之爲物、能爲禍福者、其光氣爲之、如三光之照物、遠則其光愈顯、所以力愈重也、有農夫小舍發福、起高樓、即敗者、見外凶水也、有初葬不發、樹木參天而後貴者、見外吉水也、轉曜者、或內水得元而力薄、外水失元而力厚、或內水失元而力厚、外水得元而力

（影曜、轉曜二段、此即照神之、說前已註、明不必重複、又說況又、與九星、無涉牽拽不、上）

薄則有時轉移其吉凶矣向中有來水爲寔向無來水爲虛矣又一說向中有直去之水爲虛向然去水星卦貼本身出口第一折爲準既折之後穴中復見去水仍作來論流不盡者或出口開洋亦作來論吉凶亦必顛倒學者愼之（按寔向虛向之說可不必泥若死板直冲之水來亦不宜若活動曲折之水去亦何妨徒開後人變貪變巨之僞說）此法用九宮（有何憑據）將九星自貪狼挨至輔弼陽順陰逆旋轉挨用即楊公所著天玉大卦之定例也以此覆驗舊坟無不靈應古云有人識得挨星訣朝是凡夫暮

是仙自當會意除此大五行外有正五行八卦五行洪範五行皆非地理消納立向之用不可強入至雙山三合乃後人僞造更有講九星之法將貪狼作長生沐浴爲巨門分爲生旺墓者尤爲不通夫盈天地間惟一氣化生生則無不生死則無不死豈有限定某方爲生某方爲死者此後人附會之說至黃泉八曜乃陽宅架煞之用與陰宅何涉哉原註

凡篇中所云去水若海潮之地以落潮爲去水蓋

潮來逆上之水不謂之來落水歸元同流尾閭天地自然之道也原註

中陽子曰九星之說但以四吉四凶斷向水應驗吉凶微渺之事至于興衰大運實在八卦不關九星作者須知八卦三元來情之眞僞則九星亦可略也原註

夫立一法必有一奧義使人信而有証所謂聖者作而明者述非淵源之有自即義理之可憑若挨星之說以九星配九宮夫北斗七星建時定歲傳

自上古今忽增為九若以紫微垣統論星何止數百若止增輔弼二星則又隱而不現有何明証故昭代叢書以為此星歷家好奇之說一可疑也一白水二黑土乃推明戴九履一之旨今一白水而又曰貪狼木五黃土而又曰廉貞火同處一宮而五行變亂二可疑也一卦三山分定八卦統合二十四山一定不易之理而又曰甲庚丙壬屬陽固矣而必欲拽入四維犯出卦之病三可疑也翻向飛臨丙水口不宜丁捉陰陽之脉固矣而又曰山

向是陽星、則水之來去要陰星、自相矛盾、四可疑也、夫北斗至尊、居中央而運四方、惟就全體而論、故杓之所指、全斗之精神寓焉、是以能諸煞潛藏、若四方拆散、各守一宮、失居中臨御之體、何以爲帝車、斡旋元氣、且杓獨自一星、其光芒四射、不連魁衡諸星而論、何以知其所指耶、全非居陰布陽之義、五可疑也、其餘種種細核、與用卦乘運諸法、異同不一、總屬支離牽拽、無本之論、莫若仍從斗杓所指、諸煞潛藏之說、爲選擇家之要旨、則理眞

義切、斯爲正宗、其詳考備載第三卷挨星訣後

蘭林

原隰章

水龍之地與山不耦、山之生氣、鍾於高阜、水之生氣、鍾於卑受、卑受之氣、不離左右、卑受之氣、不離前後、何謂明堂、堂前地高、高而益高、代產英豪、如或傾瀉、貪窮逋逃、穴後地低、如憑黼扆、低而漸低、葉葉不疲、如或隆起、絕世無兒、穴左坦然、青龍蜿蜒、長子亢宗、家餘俸錢、穴右土墳、白虎直前、少男疾貧、常遭禍延、卑而太卑、當作水目、能奪正局、相土須覆、大江以北千里平陸、土常有餘、水常不蓄、高厚爲岡、低平爲谷、

春雨秋霖、或斷或復、何必江湖、而後獲福、宜詳尺度、
兼別砂族、剖露一端、以槩地軸、

此章言高山與平洋、事事相反、山龍以高地爲生氣、水龍以卑下爲生氣、凡平洋穴後尤宜低坦、一步低一步、子孫悠久蕃庶、壽考無涯、穴之左右亦須低坦、左低長發、右低少發、若穴後有高地、或兩重照山、葬下損丁、子孫稀少、漸漸高去、後嗣必絕、青龍高長子貧乏、白虎高季子消耗、惟明堂之內、則宜漸遠漸高、爲逆水歸堂、大發財祿、傾瀉蕩然、

則財散矣然三方低下之處必須四望平夷若有一處極低便作水論依水定局之氣又爲所奪局氣不眞矣且江南多水之地以江湖溪澗爲龍局江北中原千里平曠只以低地爲水高地爲山便乘九局以斷吉凶若雨下時其低處有水脈通流便成支幹外有數重陰砂護穴卽成大地原爲平原隰爲平洋其定局之法已瞭然指掌矣

此辨明四面高低之應作巒頭論不甚重蘭林

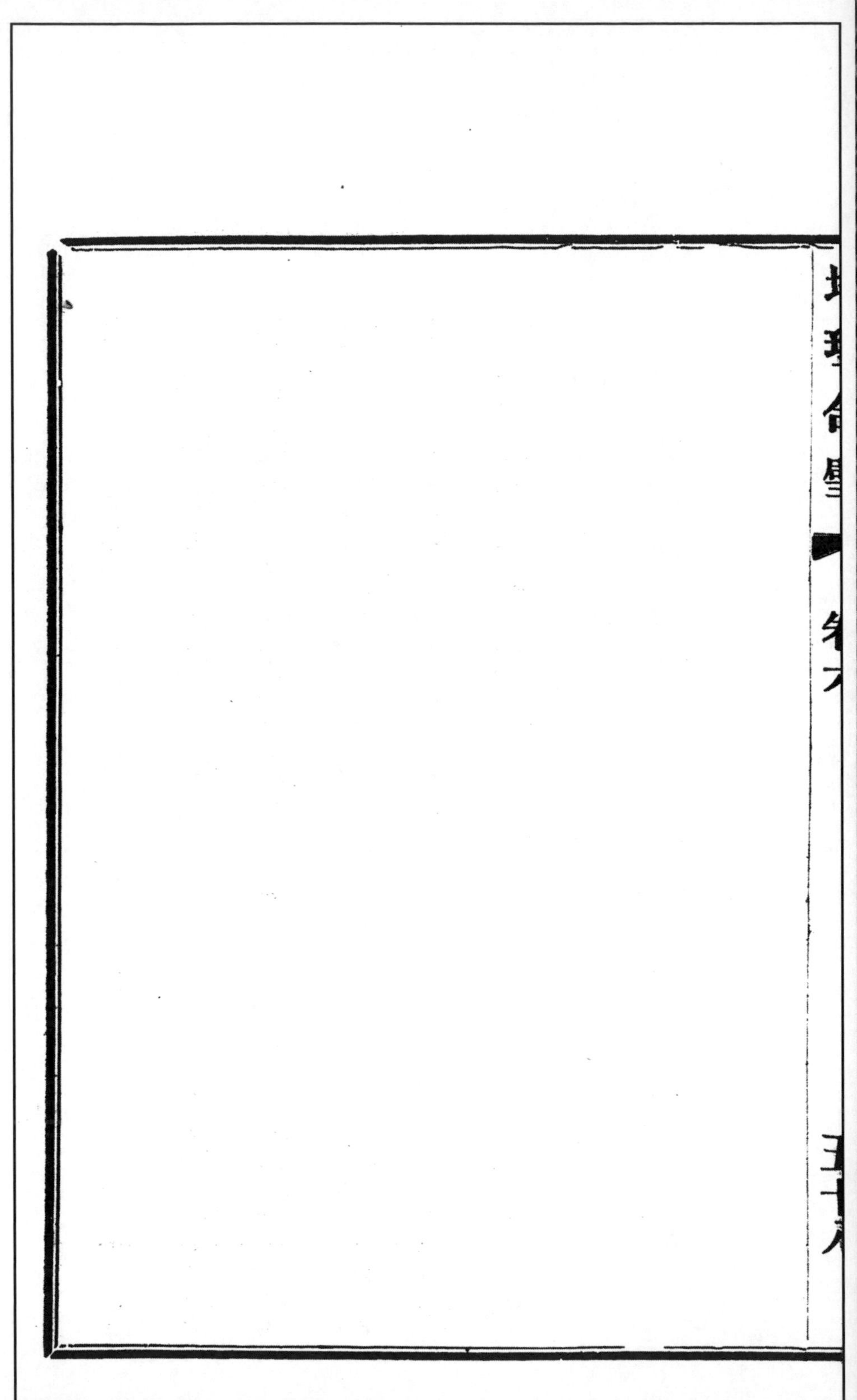

原隰章

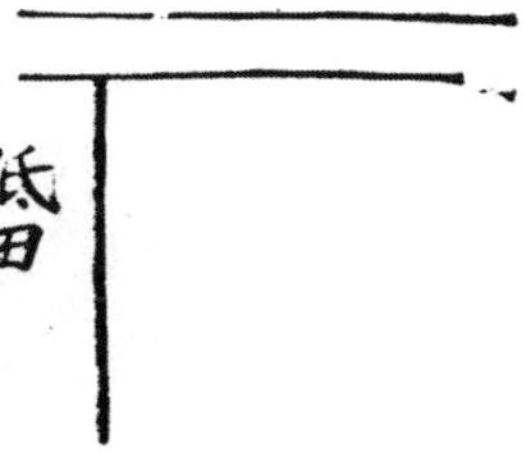

低田

此雖坎局之地而有東首低田則坎不眞而侵乾氣

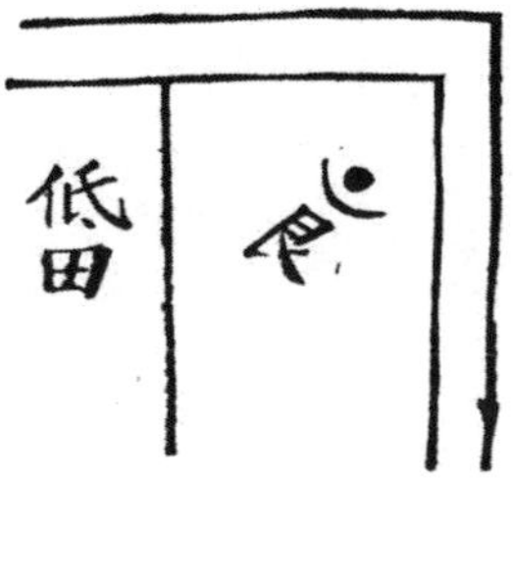

低田

艮

艮氣不眞非侵坎氣即作中黃論矣

卯方小水而艮方水大雖兌氣眞而坤氣反盛矣

蕩

看水之小大遠近而定局也

營光章

陰陽氣交，不間毫毛。天降而下，地浮而高。土膚之上，二氣薰陶。嘘吸長養，如芽雨膏。笑彼庸術，低掘形單。氣蒸在上，枯骸不攢。水潦凝積，泛濫及棺。天光不照，嘗得幽寒。起塚成山，山形浩漫。勢若孤昻，危峰氣散。安作垣墉，砂迷水渙。舒則冲和，四則隔斷。坆前起屋，壓損明堂。陽和晦冥，自失晶光。居中仲廢，居左長荒。若逢右畔，季子張皇。碑碣門亭，朝典建置。若據形家，以簡從事。玉有微瑕，終為大累。贅此瑣言，庶幾盡義。

此章言乾坤之氣一日不交則萬物皆死不成天地矣天地之妙正在二氣交會之中二氣無處不交天以至陽之氣下交乎地地以至陰之氣上交乎天一升一降構精之處常在土之皮膚觀乎雨露降而草木萌芽此其驗矣南方土氣卑薄置壙平田累土成坆上吸三光之和下引黃泉之氣則陰陽冲和矣庸術以不入土爲不得氣掘地及泉使棺槨浸潤骨爲寒凝之氣所閉陽和之氣反透於上葬者不沾豈能應也殊不知氣化周流六虛

即懸棺空堂而地之吉凶未嘗不應世儘有權厝而發福者不必深入也古人不封不樹今俗尚坟壠亦須平坦冲夷乃爲合格若築地太高累土聳拔則孤露危險元氣四散不歸更不可輕築垣墉以隔斷外來秀氣其垣低平寬大猶得展舒若更高峻窄小則名爲囚而生氣閉塞屋宇碑亭墓門等事一有侵逼雖屬小失乃有大傷故盡言如此此言入穴深淺之法及四面墻屋碑亭不宜逼穴高大亦不甚重蘭林

還元章

男女媾精、交癸抱壬、天魂地魄、互根日深、十月胎全、
出腹氣森、負陽抱陰、法天地心、命盡氣終、陰漓陽愆、
魂越泥丸、魄沉湧泉、百骸僵朴、血枯髓煎、亦爾十月、
海竭河穿、葬埋之法、反天入地、接續元陽、魂旋魄備、
若得佳城、孕育靈瑞、葬乘旬中、氣未全淪、葬乘十月、
骨液未涸、地脈灌注、枯枝復伸、一期三載、朽骨日湮、
雖有吉壤、去舊移新、久久蒸噓、嚴霜乃春、若賫凶葬、
體魄成塵、非歷年世、瑞應曷臻、古之葬禮、聖賢商定、

天子七月士庶踰朔暴棺棄屍天良朘剝莫嫌渴葬敢問先覺

此章專言既得吉地貴乘時而葬接續生氣還元反本之義以人懷胎十月始成故人之死亦十月髓竭死者元陽已升於天葬得吉地反天氣以入地中如入爐冶魂魄復聚須及其骨液未絕乃可與地脈流通如接木者須新剪之枝若經宿氣泄豈能活耶葬法七日最佳七七猶可斷不可過十月若更遲之一年三載雖吉壤何從接氣必待葬

下久遠枯者漸滋而後徐徐蔭應耳若曾于凶地葬過改遷吉穴前此敗氣冲滿骨間直俟惡氣全消吉氣乃入庸以歲月計哉今之緩葬亦有數端其賢者不忍其親離於急葬不賢者又置葬親於度外或停棺在堂或權厝在地暴露多年直同棄屍又庸師瞽術拘忌山向一家百口年命衝刑此吉彼凶終無葬日試觀古禮天子七月而葬諸侯五月大夫三月士庶踰月豈皆忍其親者亦何嘗有山向年命之紛紛耶甚矣其愚也亦折衷於古

之先覺可也

此章言宜急葬亦不甚重蘭林

附葬章

葬法分穴、如宅分房、房分衰旺、穴分苦貭、亦有佳城、祔葬不昌、一穴奪氣、本弱枝強、保護祖根、勿事更張、未覩精微、禍機反藏、貧賤權宜、昭穆有方、方位之法、一主分疆、九宮三元、辨別微芒、莫侵煞位、自取咎殃、祔中乘氣、必有改更、咫尺萬里、立辨死生、局運星符、與正同情、法宜詳愼、智者莫輕、測新測舊、主祔參衡、

此章言高山眞穴、僅可容棺、平洋通坦、可容合葬、然得穴眞地、添葬亦非所宜、惟貧家艱於創建、乃

有祔葬之說，不知穴氣眞僞，間不容髮，其間大判吉凶，不可不慎。有祖葬失穴，祔葬得法者，亦有祖穴得氣，因祔而傷者，則以祖穴好而思祔葬者，十之八九。若無眞見，則祖宗根本之地，斷不宜輕爲添祔，披枝傷根，禍豈一人獨受與。祔法從主而論，則以主穴爲主，分出八方，須從主穴旺方添葬。若侵三元煞氣之位，主穴煞動，立見凶殃，禍及一門，不但祔葬之房而已。且物物一太極，附穴不可竟以主穴方位爲憑，其穴另有乘氣，另有元運，另有星符、消納向法、事事皆變、名雖為附、實與另扦正穴無異、當以正法斷之、若正法得宜、方位附法、又屬第二義矣、假如正穴巽水到堂、本乘乾氣、昭位移東、巽水變為離水、又乘坎氣、元運衰旺、迥與主穴不同矣、另是一穴、斷法、可輕言附乎、況竟有半巽半離之大差乎、

附葬當另看水神元運、與新扦無異、并看與主穴方位無礙為正、若俗說取祖穴本局、加於三震、蓋長子當陽、繼離出治、取繼體之義、加星與原宮相

尅則吉相生則凶比和平平所謂煞方添葬反榮昌也又有二十四位者以祖穴去水口爲元以對宮天父輪九星看所附何方得三吉爲吉者此二說俱非蘭林氏識

祔葬章

主凶附吉圖

主穴乾局照上圖變爲
兌離水向皆吉下元與
主穴衰旺不同矣

陶氏曰來
曲去曲來
多去少故
所附發福

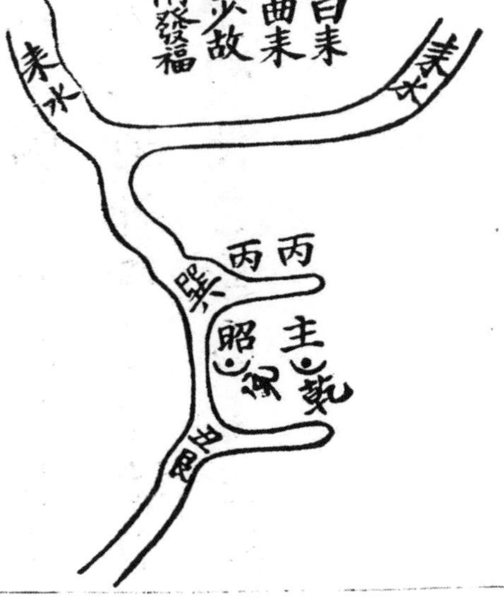

主吉附凶圖

主穴艮局未水午向皆吉
穆穴一附變爲震矣更在
下元尤見衰敗穆穴不吉

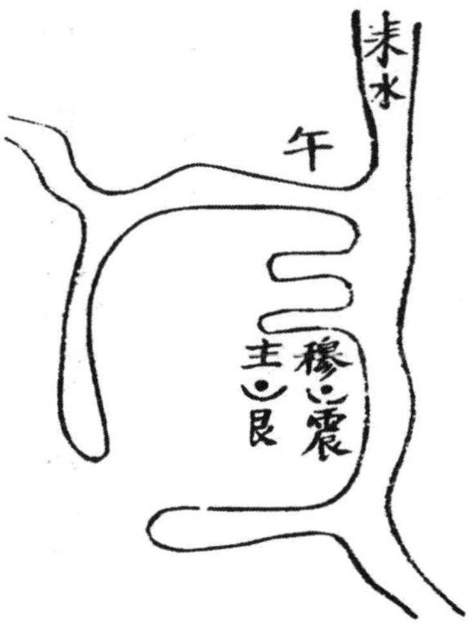

此二圖舊本尚有小註二段、艮納丙、震納未、混雜天父地母等說、乾坤法竅有圖無註、蓋不以天父地母卦之說為是也、故刪之、蘭林

陽基章

大輿之理、九野孕靈、兆民萃處、築室有經、惟宅之基、與墓同星、墓氣凝結、宅氣敷形、四倚之地、大勢易照、移宮改步、隩隅各調、爰有五幾、寔惟宗要、一地二門、三衢四嶠、五曰隅空、八風是竅、獨遵三元、微參九曜、遊年卦例、禍福難肖、墓氣從地、宅氣從門、一門易向、災祥異論、門通大道、氣入內闈、前後旁側、進氣惟均、直朝橫截、路氣是遵、與門協吉、福祿並陳、男女居室、曰惟大倫、房闈是主、堂階作賓、祠祀之宇、神靈所親、建置不失、福履以臻、置宅廣原、氣來統貫、比廬則聚、單舍恆渙、若在都邑、水遠無憚、更獲沾濡、厥功無算、深山之宅、大勢深藏、山形凹缺、風來聚方、依高立局、反氣舒陽、是爲主治、餘理不常、墓氣及骨、宅氣及身、宅如條茂、墓如根伸、根榮以歲、條茂及辰、墓宅並吉、介福千春、

此章言輿地之理、不惟墳土藏形而已、即大而都邑郡縣、以至村落市鎮、莫不有形勢聚會人民萃處、牆屋如鱗、各分宅氣焉、其九宮立局之法、與墓

同符而不無小異蓋墓氣止聚一勻元辰之水而京都群邑則取大江大河爲局太水在南作坎大水在北作離大勢衰旺此其樞也至於各家宅氣又就其所倚小水而分九局且陰地取其結聚陽基取其敷衍格局有廣狹之異四倚者或前或後或左或右耑倚一水也倚一水則局員雖作廣廈其氣皆不變若隩隅之地掛角立宅止中宮大勢收氣不雜若前後帶收氣有改變矣如掛角艮宅西南二方貼水則前帶左廂近南水作坎局後帶

右廂迎西水屬震矣一宅分房便殊衰旺陰宅氣在地中止穴內一氣陽宅氣在地上不專以地中之氣爲主兼取門氣盖氣本橫行無途入宅門戶一啟氣即從門而入其力與地氣相敵地衰門旺地旺門衰吉凶參半須門地並旺然後可以召諸福也門地之外又論道路直朝者作來氣斷如乾方有路來朝則宅受乾氣也橫截者作止氣斷如坤方有橫街則宅受艮氣也朝路比來龍而橫路比界水所謂三衢橋梁同斷嶠者隣居高峻處如

艮方有高屋、則氣被障斷、反從艮方還轉氣來、回向我宅、多坤氣也、黃白氣說、所謂回風反氣、自高及下者也、高屋多則氣厚、少則氣淺、若遠方高屋迢遞而來、漸近漸低、歸結到宅、則又作來氣論、其氣尤百倍矣、隅空者、方隅空缺、或在宅外、或在宅中、能引八風從空而入、最關利害、此五機者、惟以三元之衰旺爲興廢、而立向則仍以地局九星爲主、然亦有不合九星、不害其吉者、故曰微參、言不甚重也、至於遊年卦例、止參値年神殺、以斷吉凶之應而已其寔禍福不係於此若宅氣旺雖絕命五鬼何害於吉若宅氣衰雖天醫生炁何救於凶相宅者只將五機按三元以定衰旺義盡此矣從地從門又申言門之尤重蓋地乃一定之物不能改移門則可隨方而改儘有失元之地改一旺門便能起衰得元之地行一衰門便至滅福尺寸之間榮枯頓異不可不慎也門以通大路者爲重蓋氣在大道中隨人往來一開門便從門入後門傍側便門或吉或凶分遠近大小動靜冷熱而論則

諸美畢臻矣若轉入衰路凶門不能歸一亦以長
短親疎分別勝負至於宅中內門尤以房門爲重
蓋家宅興廢在夫婦配合繼祖承祧皆原於此宅
內重門路步步從旺方引入內室更開吉門迎之
則諸福全收矣若廳堂客座乃賓客酬酢之所不
甚重也古人營宅宗廟爲先香火之地須在吉方
人鬼俱寧乃爲安宅若在荒村空曠之鄉立宅則
五機之中耑以地氣爲重與陰宅相似然必比屋
聚廬而後可以會合風氣收攬陽和極小屋必二

進三進始有蓄聚、一帶直屋及散布數椽、氣皆渙散、地雖吉不驗也、若在城市、五機並重、不耑靠水爲局、雖遠水亦有乘旺發福者、若更能沾染近水、生氣更旺、衰水貼近、其禍亦應、深山之宅、八方高蔽、水氣輕微、但以山形凹缺處爲風門、能司禍福、其人跡車馬往來之路、即爲動氣、至於立宅本氣、固以依高立局、反氣舒陽爲主、其餘轉移不常、權非一定矣、末段總言陰陽二宅、不可偏廢、蓋墓氣從亡者蔭及生人、力深而緩、宅氣即受本身、力浮

而速固不得以陽而廢陰又何可重陰而廢陽也哉

陽宅應速歷驗皆徵蓋陰地容或以餘氣長短尙有上運未盡初交之運有一二未應者若陽宅則無論大小戶宅一交當令之運無不立驗則以生人居處動靜日日在此氣中噓吸相通更比陰宅爲切近而又無一息之可避也至若門風路氣墻空屋缺井灶房廚等更分親疎遠近以無過不及爲貴其細微曲折更覺繁瑣得能周到尤妙故第

四卷附陽宅得一錄以備參考不厭其重複云蘭林

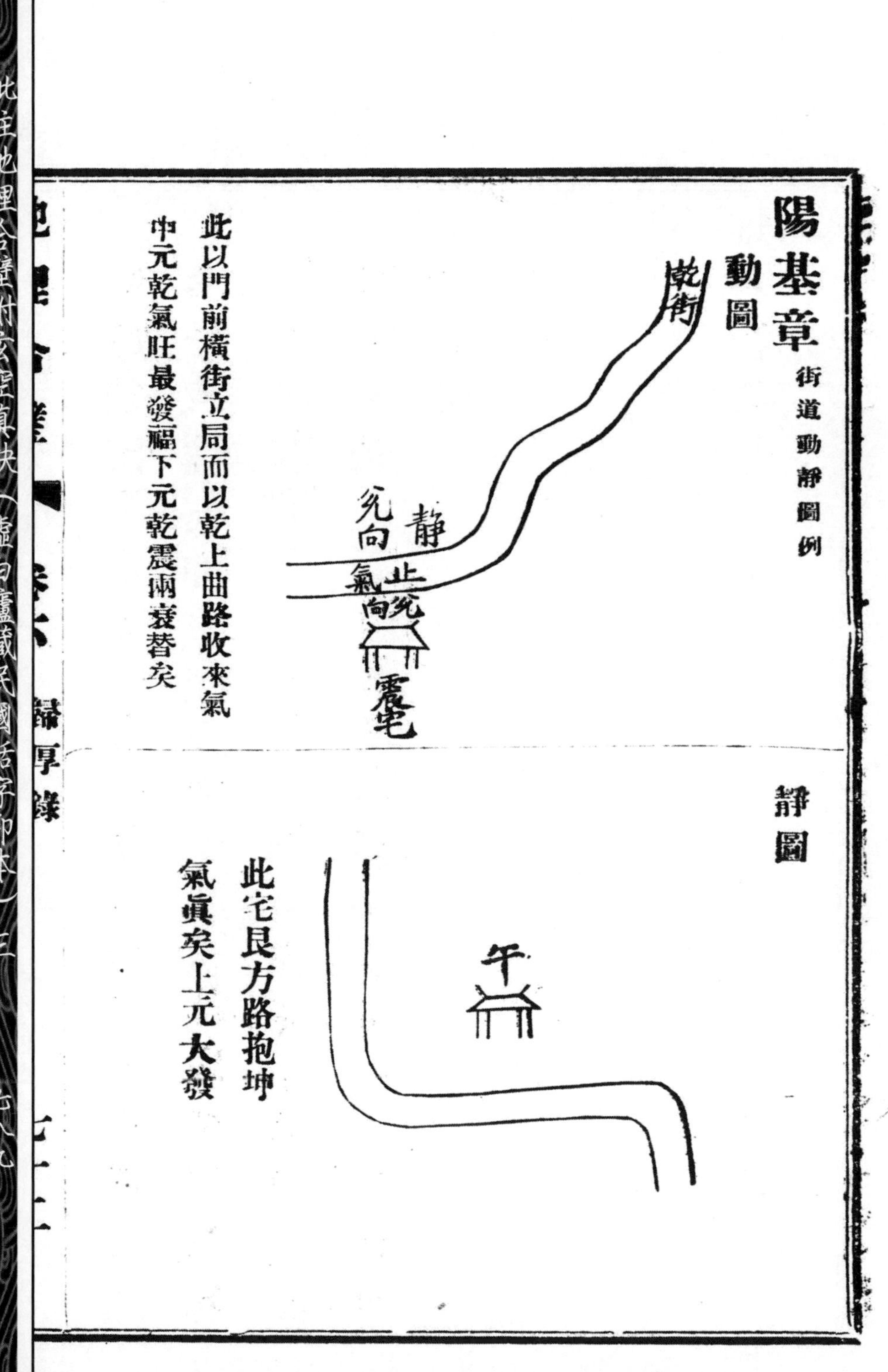

陽基章

街道動靜圖例

動圖

此以門前橫街立局而以乾上曲路收來氣
中元乾氣旺最發福下元乾震兩衰替矣

靜圖

此宅艮方路抱坤
氣眞矣上元大發

歸厚錄據此本是蔣大鴻述冷仙所傳而潤色之共十八篇乾坤法竅止刻十二篇范氏又以為失作者姓名擬為秦漢時書明冷仙註釋未知何據然玩其句語頗淺近無古意必非秦漢人作俟再考　蘭林

地理合璧卷六終

周同纘子緒
王銓濟巨川　校字
沈爾晟景陽